Hanne Egghardt

Habsburgs schräge Erzherzöge

Dem Kaiser blieb auch nichts erspart

www.kremayr-scheriau.at

ISBN 978-3-218-00787-0
Copyright © 2008 by Verlag Kremayr & Scheriau KG, Wien
Alle Rechte vorbehalten
Schutzumschlaggestaltung: Ebeling / Visuelle Kommunikation, Wien
Fotos auf dem Schutzumschlag: ÖNB/Wien: 00057632_01 (links),
NB511.233-B (Mitte), 00498812_01 (rechts)
Lektorat und Bildredaktion: Anna M. Katharina Berger
Satz und Layout: Ekke Wolf, typic.at
Druck und Bindung: GGP Media GmbH, Pößneck

Inhalt

*Besonderer Dank gilt folgenden Personen, die mich
bei der Recherche und bei der Beschaffung von
Informationen freundlich unterstützt haben:*

Johanna Bilik
Heinz Böhm, Maurer Heimatrunde
Reinhold Gayer, Salzburg
Dr. Wolfgang Löhnert, Begründer der Österreichischen
Ludwig-Salvator-Gesellschaft (www.ludwig-salvator.com)
Adolf Plank, Bürgermeister Schönau
Gabriele Praschl-Bichler
Marina Watteck
Prof. Friedrich Weissensteiner

Der „Herr Wölfling"

Erzherzog Leopold Ferdinand Salvator
(seit 1902 Leopold Wölfling)
Der älteste Sohn von Großherzog Ferdinand IV.
und dessen zweiter Frau Alice von Bourbon-Parma
* 2.12.1868 in Salzburg, † 4.7.1935 in Berlin

Das Jahr 1859 bedeutete für Ferdinand IV., „Nando", Großherzog der Toskana, die Katastrophe schlechthin: Erst 24 Jahre alt,
verlor er seine junge Frau, sie starb an Typhus, nachdem sie in
Neapel Austern gegessen hatte. Dann verzichtete sein Vater zu
seinen Gunsten auf den Thron. Die Regierung aber konnte er
nicht antreten. Im Zuge der Einigung Italiens war die Thron-
entsetzung der Habsburger in Florenz beschlossen worden. Die
Familie Habsburg-Toskana hatte das Land zu verlassen.

Mit 24 Jahren Witwer und Vater einer kleinen Tochter, ein ab-
gesetzter Monarch und noch dazu von den Geldflüssen aus der
Toskana abgeschnitten, die diesem Zweig des Hauses Habsburg
über vier Generationen zu beträchtlichem Wohlstand verholfen
hatten, ließ sich Ferdinand IV. in Salzburg nieder. Er wurde wieder dem habsburgischen Familienstatut unterstellt. Damit war
er vom Kaiserhaus vor allem in finanzieller Hinsicht abhängig,
denn er war auf die Apanage angewiesen, die Erzherzögen zustand. Politischen Einfluss hatte er keinen. Und seine Beliebtheit
bei Hof in Wien hielt sich auch in Grenzen – zum einen weil
man befürchtete, durch die finanziellen Ansprüche der „Toskaner" würden die Anteile der anderen Familienzweige geschmä-
lert, und zum anderen weil er hauptsächlich italienisch sprach
und sich in Auftreten und Stil geradezu peinlich vom Rest der
Familie abhob.

Die Orgelpfeifen des Hauses Toskana: Erzherzog Leopold Ferdinand
Salvator, Erzherzogin Luise und sieben ihrer Geschwister

1868 ging der Großherzog eine zweite Ehe ein, er heiratete auf
Schloss Frohsdorf die ebenfalls italienisch sprechende Alice von
Bourbon-Parma, „Alix". Sie schenkte ihm im Laufe der Jahre
zehn Kinder. Als erstes wurde am 2. Dezember 1868 in Salzburg
Leopold Ferdinand Salvator geboren – ein Jahr später kam Lui-
se, die spätere Kronprinzessin von Sachsen, zur Welt.

„Nando" fügte sich in alles, nur in eines nicht: Er konnte und
wollte nicht akzeptieren, dass er ein Herrscher ohne Reich war.
Er fühlte sich als Großherzog im Exil und hielt auch im feuchten
Salzburg eisern an der Fiktion fest, ein regierender Fürst zu sein.
Mit allem, was dazu gehörte. Er unterhielt in der Salzburger Residenz, von der ihm der Kaiser weite Teile überlassen hatte, einen
großen, von einem aus der Toskana stammenden Obersthofmeis-
ter dirigierten Hofstaat und eine Kanzlei, in der umfangreiche
Korrespondenzen erledigt wurden. In der Residenz wimmelte es
von livrierten Lakaien. An den Eingängen standen uniformierte
Wachposten und im Vorbau des Glockenspielturms hatte eine
Wachkompanie ihren Standort. Sie trat jedes Mal mit Gerassel
an, wenn ein Mitglied der erzherzoglichen Familie vorfuhr. Damit die Familie des Erzherzogs nicht auf die gewohnten, in der
Toskana üblichen Gerichte verzichten musste, waren meterhohe
Ton-Urnen nach Salzburg geschafft worden, in denen feinstes
Olivenöl aufbewahrt wurde.

Erzherzog Leopold Ferdinand beschrieb diese bizarre Situation später: „In Wien wäre mein Vater und seine Familie bald im
Komplex der kaiserlichen Familie aufgegangen, und weder sein

besonderer Rang als Erzherzog, noch seine Stellung als Großherzog der Toskana wäre zutage getreten. In Salzburg repräsentierte er nicht allein einen Zweig des Hauses; auch die Besonderheit, daß er sich regelmäßig für einen ausländischen regierenden Fürsten hielt, gab seiner Position etwas Auffälliges und vielleicht auch Geheimnisvolles, da er schlecht Deutsch sprach und sein Hofstaat zum Teil aus Italienern bestand …" [1]

Kindheit

Die meiste Zeit verbrachte der Großherzog auf der Jagd. Seine zweite Leidenschaft galt seinem Segelboot in Lindau am Bodensee, wo er auch eine Villa besaß. Die Sommer über hielt sich die Familie meist im böhmischen Schlackenwerth auf. Bei all dem Aufwand, den der Großherzog nach außen hin trieb, wuchsen die Kinder aber keineswegs in Luxus auf. Ganz im Gegenteil, sie wurden nahezu spartanisch erzogen. Ein hartes Bett, eine einzige Decke Sommer und Winter, ein dünnes, hartes Kopfkissen und jeden Morgen Abduschen mit eiskaltem Wasser, das waren die Prinzipien, die der Vater als hygienisch betrachtete. Er selbst lebte nicht anders und verachtete jede Art von Verweichlichung.

Den Beginn des Tages schildert der Erzherzog in seinen Aufzeichnungen: „Zeitig morgens versammelten sich die Kinder, auch wenn sie schon lange als volljährig auf Urlaub zu Hause waren, zum Frühstück in der Kinderstube. Auf einem langen Tisch standen Tablette nebeneinander, jedes mit der Kaffee- und Milchkanne, Zucker, Butter und Semmeln sowie vier Biskuits. Meine Mutter trank Schokolade auf französische Art, sehr dick eingekocht, und benutzte hierzu eine silberne Kanne mit darin steckendem Quirl. Der Vater hatte eine besonders große Tasse, weil er es liebte, in den Milchkaffee Semmeln einzubrocken. Nach und nach bekam jedes der Kinder eine eigene Tasse oder eine besondere Kanne. Das übrige Porzellan war Meißner Zwiebelmuster, das auch im Allgemeinen gebraucht wurde. Für besondere Gelegenheiten war ein rotes Meißner Drachenmuster reserviert, von jenem hellroten Ziegelrot, das allein der königlichen Familie von Sachsen vorbehalten und nicht käuflich war. Es wurde gewartet, bis mein Vater erschien und an seiner Kleidung erkannte man sofort seine Laune. War er in Uniform, so war das häusliche Barometer auf stürmisch; wenn er jedoch eine alte Jagdjoppe anhatte, mit eigentümlichen graugrünen Knöpfen, so lachte heller Sonnenschein und man durfte sich erlauben, lauter zu sein, als sonst …"[2]

Ganz und gar nicht spartanisch ging es im Hause des Großherzogs bei so genannten „rekommandierten Diners" zu, bei denen 30 bis 40 Gäste eingeladen waren. Die Kinder durften daran ebenso wenig teilnehmen wie an Bällen. Bevor die Gäste kamen, war es ihnen aber erlaubt, noch schnell durch die festlich mit Blumen und Pflanzen geschmückten und von Kronlüstern mit Wachskerzen erhellten Räume zu huschen, in denen die Dienerschaft in roten Escarpins und Offiziale in schwarzer geschlossener Uniform mit Degen und Zweispitz unter dem Arm warteten. Sie durften auch zusehen, wie ihre Mutter die Toilette beendete. Strahlend von Brillanten – sie besaß immerhin das legendäre Halsband Marie Antoinettes –, in Seide und Samt mit einer langen Schleppe rauschend, war sie dann ihr ganzes Entzücken.

Ein vorbildlicher Schüler

Leopold Ferdinand war ein aufgewecktes, kluges Kind, das seinen Hauslehrern auf Grund seiner raschen Auffassungsgabe und Interessiertheit Freude bereitete. Er hatte großes Sprachtalent, begeisterte sich für Mathematik, machte rasche Fortschritte im Fechten und Reiten. Mit 15 Jahren kam er als externer Zögling auf die k. k. Marineakademie in Fiume. Auch hier lief alles wie am Schnürchen. Als er 1887 nach vier Jahren als Seekadett zweiter Klasse ausgemustert wurde, waren seine Lehrer voll des Lobes. Sie attestierten ihm hohes Sprachtalent, größte Lernbegeisterung und fürsorglichen, ja sogar liebevollen Umgang mit der Mannschaft.

Erzherzog Leopold im Alter von acht Jahren.

Das Meer übte auf den jungen Mann von Anfang an die größte Faszination aus. Schon nach der ersten Sommerreise auf der Korvette „Saida", die ihn nach Dalmatien führte, schrieb er voll Begeisterung: „Wunderbar der Zauber, den ein Segelschiff überhaupt ausübt. Die ruhigen Bewegungen, die gleichmäßige Neigung bei stetigem Winde, das Rauschen der Bugwelle, das Sausen im Takelwerk und der ewige Wechsel von Wolken und Beleuchtungseffekten, die das Wasser bald ultramarinblau, bald grünlich, braun oder bleigrau erscheinen ließen, das gespannte Erwarten einer Bö, die man ja schon von weitem auf dem Wasser daherkommen sieht ..." [3]

Mit erstklassigen Beurteilungen stieg er auch 1889 zum Seekadett erster Klasse auf und wurde kurz darauf im Alter von nur 21 Jahren zum Linienschiffsfähnrich befördert. Das alles waren die besten Voraussetzungen für eine glänzende Karriere in der k. k. Marine. Und die hätte der inzwischen zu einem attraktiven jungen Mann herangewachsene Erzherzog, dem die Uniform noch den zusätzlichen Pfiff von Schneidigkeit verlieh, auch mit Sicherheit gemacht – wäre da nicht ein Ereignis gewesen, das seinen Lebensnerv jäh durchschnitt wie ein Hieb einer Machete.

Die unglückliche Liebe

Im Alter von 16 Jahren hatte sich Leopold Ferdinand in seine Cousine Elvira von Bourbon, die zweitälteste Tochter des spanischen Thronprätendenten Don Carlos, verliebt. In der harten Zeit des rastlosen Studiums und der angestrengten Arbeit war sie es, die ihm eine innere Stütze war und mit der er die Dinge besprechen konnte, die ihn im Innersten bewegten wie etwa Fragen der Religion. Zwischen beiden herrschte die Gewissheit, dass es nicht möglich sei, sie jemals zu trennen. Als er 1891 anlässlich der Hochzeit seiner Schwester Luise nach Wien kam, traf er Elvira wieder. Später erinnerte er sich: „Wenige Worte zwischen uns beiden, die wir ja insgeheim schon sieben Jahre verlobt waren, genügten. Ich fuhr nach Salzburg, und getreu den Traditionen des Hauses, erbat ich die Zustimmung meines Vaters, die Erlaubnis zu meiner Verheiratung mit Elvira von Bourbon beim Kaiser einzuholen."[4]

Der Großherzog äußerte sich nicht. Gemeinsam mit seiner Frau und seinem Sohn reiste er aber nach Wien zum Kaiser. Dieser führte zuerst ein Gespräch allein mit den Eltern. Dann wurde Erzherzog Leopold gerufen. Mit trockenen Worten teilte ihm der Kaiser mit, dass er die Zustimmung nicht geben werde. Die Staatsräson erlaube keine neuerliche Verbindung mit dem Haus Bourbon, Elviras Schwester habe zwei Jahre zuvor Johann Salvator geheiratet, das reiche.

Für Leopold Ferdinand brach eine Welt zusammen: „Der Kindertraum war aus. Etwas in mir war gebrochen. Elvira, meine stille Braut, mein Freund, mein Kamerad, die mir Halt, ja Freude und Liebe zum Beruf gab, für mich verloren. Was künftig sein sollte, war mir egal; von diesem Moment an habe ich kein weiteres Interesse an der Entwicklung meiner Karriere, meiner ganzen Zukunft gehabt. Wozu auch …"[5]

Bruch mit dem Thronfolger

Dass ihm tatsächlich alles egal war, zeigte sich im folgenden Jahr. Inzwischen zum Linienschiffsleutnant befördert, wäre er für sein Leben gerne auf der Korvette „Saida" nach Amerika gefahren. Der Kaiser hatte in Ischl sogar versprochen, ihm diesen Wunsch zu erfüllen. Darauf, auf die „Saida" abkommandiert zu werden, wartete er jedoch vergeblich. Stattdessen wurde er dazu bestimmt, an der Seereise teilzunehmen, die den späteren Thronfolger Franz Ferdinand von Triest aus auf dem Torpedo-Rammkreuzer „Kaiserin Elisabeth" rund um die Welt führen sollte. Neben 40 Offizieren, Kadetten und Beamten war Erzherzog Leopold zum Dienst als Wach-, Batterie- und Quartieroffizier verpflichtet.

„Von allen meinen Verwandten war er der einzige, den ich nicht liebte", schrieb Leopold Ferdinand später in seinen Erinnerungen über Franz Ferdinand. „Mich empörte die verächtliche Art, mit der er die Menschen behandelte. Er sah auf alle von oben herab wie auf niedere Kreaturen. Er wußte von meiner Abneigung und zahlte mir mit gleicher Münze. Bei unseren Begegnungen zog er eine verächtliche Grimasse, seine Lippe schob sich noch um einige Millimeter weiter vor und hing höchst geringschätzig herunter. Wenn er mit mir sprach, stieß er die Worte so undeutlich zwischen den Zähnen hervor, daß ich manchmal gar nicht verstand, was er meinte. Ich verlor übrigens nichts dabei: er konnte mir sowieso nichts Angenehmes zu sagen haben ..."[6]

Was Leopold Ferdinand am meisten störte, war, dass sich Franz Ferdinand immer wieder negativ über seinen Vater äußerte, über den Menschen, den er über alles auf der Welt liebte. „Er machte boshafte Scherze über seine Art zu leben", erinnerte er sich später, „darüber, daß er sich in Gesellschaft von Bauern und Bürgerlichen wohler fühlte als in der Hofburg – und über seine Leidenschaft für Bücher und für die Jagd."[7]

Diese Voraussetzungen ließen die Reise schon von vornherein unter keinem guten Stern stehen. Die Stimmung zwischen den beiden Erzherzögen verschlechterte sich aber noch zunehmend, je weiter sich die „Kaiserin Elisabeth" vom heimatlichen Hafen entfernte. Franz Ferdinand meldete dem Kaiser, Leopold nütze jede Gelegenheit, mit dem Schiffskommandanten und auch mit ihm anzuhängen. Er bat telegraphisch um die Erlaubnis, ihn von den Landgängen ausschließen zu dürfen. Die Zustimmung wurde prompt erteilt.

Das war ein Schuss vor den Bug. Bewirkt allerdings hat er nichts. Als Leopold eines Nachts auf der Kommandobrücke seinen Dienst versah, erschien Franz Ferdinand schwer betrunken und versuchte, Leopold Ferdinand zu provozieren. Der Kaiser sei mit seinen Verwandten viel zu milde umgegangen, wenn er erst Kaiser sei, werde er jeden an seinen Platz verweisen. Der so Angegriffene schwieg. Das brachte ihn noch mehr in Rage. Was weiter geschah, schilderte Leopold Wölfling später in seinen Memoiren:

„Du wirst der erste sein, den ich gründlich belehren werde!" zischte er plötzlich durch die Zähne, packte mich dicht über dem Handgelenk und preßte meinen Arm so stark, daß er mir wehtat. Ich riß mich los und schrie bebend vor Wut:

„Wenn du nicht sofort verschwindest, stehe ich für nichts!"

Er kniff verächtlich die Augen zusammen, und ein böses Lächeln verzerrte seine Lippen.

„Was willst du denn tun?"

„Ich werfe dich über Bord …"

In diesem Augenblick war ich wirklich dazu fähig. Die Wut hatte mir jede Überlegung geraubt. Vielleicht hätte ich mich nachher selbst ins Meer gestürzt …

Franz Ferdinand fühlte, daß meine Worte nicht eine bloße Drohung waren und wurde mit einem Schlage nüchtern. Er murmelte „Du bist wohl verrückt geworden!" kehrte mir den Rücken zu und ging pfeifend davon.

Ich wußte, daß er von nun an mein gefährlichster Feind war – fürs ganze Leben. Und noch eins begriff ich: daß es mit meiner Karriere zu Ende war. Ich mußte sofort um meinen Abschied bitten …

Als wir nach Sidney kamen, meldete ich mich beim Komman-

danten krank und verließ den Kreuzer. Das war der Anfang vom Ende ..."[8]

Franz Ferdinand stellte die Vorfälle auf der „Kaiserin Elisabeth" naturgemäß anders dar. Leopold habe in der Offiziersmesse Respekt und Höflichkeit vermissen lassen und habe sich nur im Kreis der Kadetten aufgehalten. Ja, er habe sogar eine Geliebte an Bord geschmuggelt und sie als Kadett verkleidet. Als der Kapitän versucht hätte, dieses Verhältnis zu unterbinden, habe er mit Selbstmord gedroht. Er habe ihn daher in Australien von Bord gewiesen und zurück in die Heimat geschickt.

Tatsächlich musste Leopold Ferdinand in Begleitung eines Linienschiffsleutnants die Rückreise antreten. Aus gesundheitlichen Gründen, wie die offizielle Version lautete. Er reiste inkognito, unter dem Namen Leopold Wölfling, den er in Anlehnung an einen Gipfel des Erzgebirges gewählt hatte. Als sein Schiff unterwegs den Weg der „Saida" kreuzte, konnte er sich der Tränen nicht erwehren.

Für Franz Ferdinand war die Angelegenheit mit der Abschiebung des „aufmüpfigen" Erzherzogs noch nicht erledigt. Er machte seiner Wut auch noch in einem Schreiben Luft. Leopold Ferdinand sei ohne jegliche Erziehung und moralischen Halt, meldete er dem Kaiser und forderte drastische Maßnahmen gegen diesen „... jungen Mann, der wirklich das Ansehen, die Ehre unseres Namens und unserer Familie verunglimpft, der das schlechteste Beispiel gibt und dessen Ruf in der ganzen Marine bereits vollkommen untergraben ist ..."[9]

Brünn und die Liebschaften

Nach den tragischen Ereignissen um Kronprinz Rudolf und dem Skandal um Johann Orth war dies der dritte schmachvolle Fall im Erzhaus. Der Kaiser musste rasch handeln. Fürs Erste beurlaubte er Leopold Ferdinand für ein Jahr, und zwar mit der Begründung, seine Konstitution sei dem nervenaufreibenden Seedienst nicht gewachsen. Dann versetzte er ihn zur Infanterie.

Im März 1894 musste er auf kaiserlichen Befehl seinen Dienst im Infanterieregiment Nr. 8 in Brünn antreten.

Die Umstellung fiel Leopold Ferdinand alles andere als leicht. Er fühlte sich in der kleinen Garnisonsstadt Brünn anfangs überhaupt nicht wohl. „Schon nach einem Monat wird mir dieses neue Leben lästig", schrieb er später in seinen Memoiren. „Es ist einförmig und farblos. Heute wie gestern, morgen wie heute … Abend für Abend sitzen wir Offiziere im Offizierskasino oder im Café, essen, rauchen, trinken – manchmal spielen wir Schach oder Karten – und sprechen dieselben Sätze, die wir bereits gestern und vorgestern und in der vorigen Woche gesprochen haben … Ich fühle mich in Brünn wie lebendig begraben …"[10]

Trotz allem bemühte sich der Erzherzog ernsthaft, sich mit der für ihn neuen Waffengattung der Infanterie vertraut zu machen. Mit dem Offizierscorps freilich segelte er auf Kollisionskurs. Weil er der Mannschaft ein väterlicher Freund war, wie er später in seinen Erinnerungen erklärte. Und weil er sie als Menschen sah, und nicht als Maschinen. Das stieß auf Unverständnis und heftigste Ablehnung.

Als seine Sehnsucht, endlich wieder in einer großen Stadt sein zu können, immer stärker wurde, beschloss er, eine Reise nach Deutschland zu unternehmen. Ein Erzherzog konnte aber nicht einfach Urlaub nehmen und wegfahren. Ohne kaiserliche Erlaubnis durfte er keinen einzigen Schritt über die Landesgrenzen machen. Er musste seine Reiseroute und seine Gründe für die Reise schriftlich darlegen, um Audienz beim Kaiser ansuchen und dann persönlich um die Genehmigung bitten. Wie sehr der Kaiser mit seiner Engstirnigkeit und Sparsamkeit sein ganzes Leben bis hin ins kleinste Detail beherrschte, zeigt die Audienz. Der Erzherzog in seinen Erinnerungen:

„Eure Majestät", beginne ich, „ich bitte gehorsamst um die Erlaubnis, eine Reise nach Deutschland machen zu dürfen."

„Ich weiß", brummt er. „Wohin willst du fahren?"

Dabei liest er laut vom Blatt: „München, Nürnberg, Würzburg,

Ansbach, Rothenburg, Frankfurt, Freiburg, Schwarzwald, Bodensee, Lindau …" Bei diesem letzten Namen blickt er auf, sieht mich
über den Rand des Zwickers an und sagt:

„Warum nicht gleich nach Lindau? Nando (mein Vater) wird
sich freuen, dich bei sich zu sehen."

„Eure Majestät", antworte ich bescheiden, aber fest, „diese Reise
soll zur Vervollkommnung meiner allgemeinen Bildung dienen; ich
möchte die süddeutschen Städte kennenlernen, Schlösser und Museen besuchen, Sammlungen …"

„Schmetterlingssammlungen!" unterbricht er mich unwirsch.

„Auch das, Eure Majestät, vor allem aber möchte ich das Land
im allgemeinen sehen."

Wieder ein Blick über den Kneifer hinweg:

„Dazu brauchst du nicht so weit zu fahren. Ich gebe dir den Rat,
bitte Nando, er solle dich in eins seiner Jagdhäuser schicken, da
kannst du einen guten Hirsch oder Gemsbock schießen, und du hast
deine Freude daran. Es ist ja überall alles gleich, überall sind Städte
und Wälder und Flüsse und auch Museen … warst du überhaupt
schon im naturhistorischen und kunsthistorischen Museum?"

„Jawohl, Eure Majestät."

„Etwas Besseres gibt es nicht. Und was ist mit unseren Gebirgen,
den Wäldern und Seen zu vergleichen? Überall gibt es das, aber so
schön wie in Österreich nirgends."

„Eure Majestät, ich bitte herzlichst, lassen Sie mich reisen!"

„Bedenke, daß du allerlei Strapazen in den Kauf nehmen
mußt."

Bei diesen Worten nimmt er wieder das Blatt mit meinem Reise-
plan auf, richtet den Zwicker auf der Nase und sagt langsam:

„Du fährst inkognito als ein Herr Wölfling. Du wirst nicht so
angenehm reisen wie hier als Erzherzog. Ich höre, daß die Züge im
Sommer sehr voll sind. Vielleicht wirst du nicht einmal allein im
Coupé sein."

„Eure Majestät, ich freue mich schon sehr lange auf diese Reise,
seien Sie doch so gnädig und geben Sie Ihre Einwilligung!"

„Oh, du hartnäckiger Toskaner. Nando zuliebe will ich dir also
erlauben, zu fahren. Aber ich weiß, wenn du zurückkommst, wird

*es dir leid getan haben, so viel Geld unnütz verbraucht zu haben
und du wirst mir sagen, daß ich recht gehabt hatte."*
    „Darf ich Eurer Majestät meinen innigsten …"
    „Schon gut. Reise mit Gott. Du kannst gehen."[11]

In Wien wetzte zu dieser Zeit ein gewichtiger Gegner seine
Messer. Erzherzog Albrecht, der Leopold Ferdinand schon nach
dem Skandal auf der Seereise als „schwierigen, um nicht zu
sagen bösen Charakter, als hochmütig, ungehorsam und irreli-
giös" bezeichnet und sein Verhalten als Beweis dafür ins Treffen
geführt hatte, „… was in der toskanischen Linie an wällischer
Verschlagenheit, bourbonischer Miserabilität und antiösterrei-
chischer Gesinnung geleistet wird und fortwuchert …"[12] Seine
ständigen Anschuldigungen fanden beim Kaiser offene Ohren.
Dafür, dass Erzherzog Leopold im Mai 1897 nach dreijähriger
Dienstzeit aus Brünn versetzt wurde, waren aber noch andere
Gründe ausschlaggebend.

Leopold Ferdinand hatte in Brünn durch „Weibergeschichten" von sich reden gemacht. Er hatte bereits eine Geliebte mit
Kind. Die Tochter eines Zuckerbäckers wurde aber auf die übliche Art ruhig gestellt. Sie erhielt eine Abfertigung und für das
Kind wurde ein namhafter Geldbetrag deponiert. Die junge Frau
starb wenig später an der Schwindsucht. Die uneheliche Tochter
Leopolds aber sorgte viel später, 1928, für großes Aufsehen, als
sie bei Gericht eine Klage auf Alimentation gegen ihren Vater
einbrachte.

Die „Künstlerin" Wilhelmine Adamovic

Weit schwerwiegender als diese Episode war, dass sich Leopold
Ferdinand in ein junges, bildhübsches Mädchen verliebte. Über
den „Liebesroman" des Erzherzogs konnten die Wiener später in
der Zeitung „Wiener Bilder" lesen: „Wilhelmine Adamovic war
vor sieben Jahren als Verkäuferin in einem Handschuhmacherge-
schäft thätig, dort lernte sie den Erzherzog Leopold Ferdinand,
der damals den Majorsrang hatte, kennen. Fräulein Adamovic

Wilhelmine Adamovic. Um das Bild der Frau zu sehen, für die der Erzherzog bereit war, alles aufzugeben, standen die Wiener Schlange.

wußte nicht, daß ein Prinz mit ihr verkehrte, sie sprach darum stets den Erzherzog als Herr Major an ..." [13]

Die Geschichte von der süßen, kleinen Handschuhverkäuferin rührte zwar das Herz der Leser, sie hatte aber einen gewaltigen Schönheitsfehler: Sie war nicht wahr. Wilhelmine Adamovic war 1877 in Lundenburg als Tochter eines Postbeamten zur Welt gekommen. Ihre Mutter war früh gestorben, das hatte ihr eine schwere Kindheit beschert. Schließlich war sie mit ihrer Familie in Brünn gelandet, hatte in bitterarmen Verhältnissen gelebt und musste schon mit 14 arbeiten gehen. Sie wurde Kellnerin und Kassierin in Kaffeehäusern – in „feinen" und in solchen, die zwei Abteilungen hatten, eine solide, in der die gewisse Damenwelt nicht verkehren durfte, und eine solche, wo sie unumschränkt regierte. In ihren Memoiren schreibt sie: „Ich gewann dadurch von dem Berufe des weiblichen Geschlechts ein ganz neues Bild, und in diesem Cafehause erwachte zum ersten Male in mir der neugierige Trieb nach ebenso schönen Kleidern und Hüten. Ich begann darüber nachzudenken, wie denn andere dazu kämen, so schöne Kleider zu haben. Ich sah mich in den Spiegel, und ich konnte mir beruhigt sagen: So schön wie die meisten von denen bin ich auch!" [14]

Da sie schon einiges gelernt hatte wie „das Trinken von süßen Schnäpsen", ergab sich alles andere recht schnell. Unter der kundigen Führung ihrer um zwei Jahre älteren Schwester trat sie in ein Bordell ein. Sie lebte in ständiger Angst vor der Polizei, wurde auch mehrmals verhaftet. Später ging sie in ein Bordell nach Wien und kam auch dort immer wieder mit der Polizei in Konflikt. Als die „Puffmutter" für sechs Monate ins Gefängnis musste, entschloss sie sich schließlich dazu, sich ein „Gesundheitsbuch" geben zu lassen. Sie gab es zwar bald wieder ab, das änderte aber nichts daran, dass sie aktenkundig war. Und immer irgendwie auf der Flucht. So pendelte sie zwischen Wien und Brünn hin und her.

Erzherzog Leopold lernte sie in Brünn kennen. Zufällig mehr oder weniger. Sie überbrachte ihm einen fälschlich bei ihr gelandeten, für ihn bestimmten Brief. „Von der Minute an, wo ich sein liebes Gesicht sah, fühlte ich mich ganz als die seine", erinnerte sie sich später. Und auch er war auf Anhieb von der schönen jungen Frau mit dem tizianroten Haar und der porzellanhellen Haut fasziniert.

Im Oktober 1896 machte „Poldi" seiner „Duzzi" den ersten Antrag, in dem er sie bat, ihm allein und ganz anzugehören. Er wollte für sie aufs beste sorgen.

Das bedeutete eine jähe Umstellung. Wilhelmine Adamovic: „… ich nahm mit großem Dank seinen Antrag an und schwur ihm innerlich, daß ich ihm immer treu bleiben wolle. Ich beschloß, auch dem Alkohol zu entsagen und mir das Trinken von Schnaps vollkommen abzugewöhnen. Von diesem Laster war ihm noch nichts bekannt geworden. Ich führte diesen Entschluß alsbald zum Gelingen, und ich trank von nun ab höchstens nur mehr Bier und Wein, und das nur in mäßigen Quantitäten … Aber ich konnte eigentlich nicht so recht von Herzen glücklich werden: Mein Herz war durch das Vorleben zu sehr verwundet! Diese Trübung meines Glücks hielt viele Wochen lang an. Meine Seele und mein Herz waren durch den Stachel der Vergangenheit verletzt … Nach vielen Monaten war meine tiefe, harte Wunde ausgeheilt und meine Seele dazu fähig, der Liebe zu geben, was der Liebe ist. In einem heiligen Wonnemeer lernten wir beide zum ersten Male kennen, was Mann und Weib und deren innigste Verbindung bedeutet. Die unmittelbare Folge dieser Vereinigung war die heißeste, reinste und wärmste Liebe und völlige gegenseitige Hingabe."[15]

Der von seiner Geliebten abwechselnd „Poldi" oder „Bubi" Genannte setzte auch sonst Veränderungen durch: kein Korsett und keine Schminke mehr, das Haar natürlich getragen, tägliches Duschen mit kaltem Wasser, dann Trocknen in der Luft. Im Jänner 1897 erlitt die junge Liebe zwar einen gewaltigen Dämpfer, weil der Erzherzog seine Geliebte mit einer Geschlechtskrankheit ansteckte, sie gab sich aber tapfer: „Es war meine erste sexuelle Erkrankung, und ich habe ihre Tücken und Schmerzen leicht getragen, weil mir das Leid von *ihm* zugefügt worden war." Und er revanchierte sich mit Fürsorge an ihrem Krankenbett. Nach ihrer Genesung kümmerte er sich um ihre Bildung. Er gab ihr selbst Unterricht in Englisch und deutscher Orthographie, überhäufte sie mit Geschenken und guter Lektüre und ließ sie Klavierunterricht nehmen.

Das Kaiserhaus in Wien beobachtete diese Beziehung mit größter Skepsis. Wilhelmine Adamovic war als ernsthafter Umgang für den Erzherzog schlicht undenkbar. Es reagierte prompt: Um dem Spuk ein Ende zu bereiten, wurde Leopold Ferdinand versetzt. In die weit entfernte und äußerst unbeliebte Garnisonsstadt Przemyśl.

Und er trennt sich nicht

Der Erzherzog nahm Wilhelmine mit nach Przemýsl und machte sie zu seiner Haushälterin. „Poldi" und „Duzzi" tauschten ganz im Geheimen Ringe ihrer „himmlischen Hochzeit" und schworen, einander nie, niemals zu verlassen. In der Öffentlichkeit konnte sich das Paar zwar nicht zeigen, von der Haushaltsführung war Wilhelmine heillos überfordert und langsam wuchsen dem Erzherzog seine Schulden über den Kopf, dennoch zählte diese Zeit für ihn wahrscheinlich zur schönsten seines Lebens. Und sie diente auch seiner Karriere. Er stieg 1899 zum Oberstleutnant auf und ein Jahr später zum Oberst des 3. Feldbattaillons in Iglau.

Als er jedoch darauf beharrte, die „Künstlerin" Wilhelmine zu heiraten, die ihre tragenden Rollen weniger auf der Bühne als in seinem Leben spielte, bekam er die Macht des Kaisers abermals in voller Wucht zu spüren: Die „Wiener Bilder": „In Iglau mußte der Herr Erzherzog zwischen dem Commando und dem Fräulein wählen. Er zog letzteres vor, und das Verhältnis setzte sich in Wien fort, wo der Erzherzog seiner Freundin eine Villa im Währinger Cottage ankaufte. Diese Villa trägt in der Sternwartestraße die Nummer 56 … In diesem Hause setzte der Erzherzog die Beziehungen zu Wilhelmine fort, und deren Schwester Gusti, die heute beim Varieté ist und früher Choristin an einer Wiener Bühne war, wohnte als ihre Gesellschafterin bei ihr. Die ganze Nachbarschaft war in Kenntnis der häufigen Besuche des Erzherzogs in der Villa … Der Erzherzog Leopold hatte dort seine für ihn eingerichteten Wohnräume."

Was die Nachbarn schmunzelnd duldeten, war für den Kaiser untragbar. Er bereitete auch dieser Idylle ein jähes Ende: Erzherzog Leopold Ferdinand musste in die geschlossene Anstalt des Dr. Erlenmeyer nach Bendorf bei Koblenz am Rhein. Zur Auskurierung seiner „nervösen Zustände", wie die offizielle Version lautete. Tatsächlich zeitigte die Kur und „Gehirnwäsche" den gewünschten Erfolg. Im Jänner 1902 meldete der Geläuterte seinem Kaiser, er habe sein Verhältnis zu Fräulein Adamovic gelöst und sei nun davon überzeugt, dass dies der einzige Weg sei,

„um wieder ein anständiger Mensch und ein braver Soldat zu werden."[16]

Wilhelmine Adamovic hatte inzwischen in der Villa in der Sternwartestraße hohen Besuch erhalten. Erzherzog Josef Ferdinand, der Bruder von Leopold, war in Begleitung eines Rechtsanwaltes erschienen und hatte ihr unmissverständlich erklärt, sie habe die Villa innerhalb von acht Tagen zu verlassen. Vom Großherzog mit dem Betrag von 100 000 Kronen in Wertpapieren „abgefertigt" und um das Versprechen erleichtert, den Erzherzog nie wieder zu treffen, zog sie sich nach Baden zurück.

Erzherzog Leopold Ferdinand fügte sich in sein Schicksal. Nach seiner Entlassung aus der Nervenheilanstalt ersuchte er den Kaiser um neuerliche Aufnahme in den Militärdienst. Dieser lehnte ab. Stattdessen gewährte er lediglich unbegrenzten Urlaub, aus gesundheitlichen Gründen. Das schmerzte. Der Erzherzog in seinen Erinnerungen: „… Ich hatte mich im Frühjahr und Sommer 1902 mehrfach direkt und indirekt an den Kaiser gewandt, mit der Bitte um Reaktivierung, bekam aber immer wieder den gallertartigen Entscheid, äußerst wohlwollend und scheinbar besorgt: mein Gesundheitszustand sei noch nicht genügend gekräftigt und ähnliches mehr. Ich sah nun klar, man hatte mich kaltgestellt. Meine liberalen Anschauungen, meine Bestrebungen, selbständige Arbeit zu leisten, mein Widerwille gegen alles, was Schablone hieß, war der damals herrschenden Richtung, die krampfhaft und ängstlich an Althergebrachtem und schon lange Überlebtem festhielt, störend und beunruhigend. Man war bemüht, sich eines so unbequemen Elements, das sich in den starren Rahmen nicht einfügen konnte und wollte, zu entledigen …"[17]

Der Zurückgewiesene und Gedemütigte, dem nicht einmal ein Universitätsstudium erlaubt worden war, zog sich nach Salzburg zurück. Sein Vater, der Großherzog, nahm ihn liebevoll auf, er stand ihm mit Rat und Tat zur Seite. Und sogar für seinen Entschluss, „ein freies, von keinem äußeren Zwang, keiner verknöcherten Familientradition, keiner Etikette eingeengtes Dasein zu wählen",[18] hatte er Verständnis.

Flucht in die Schweiz

Die dramatischen Tage Anfang Dezember schildert Erzherzog Leopold Ferdinand: „Die erste Gelegenheit ergriff ich, um den Ekel, der sich angesammelt hatte und unerträglich geworden war, abzuschütteln. Am 11. Dezember 1902 begleitete ich meine Schwester Luisa nach Zürich. Ich war frei; es kam nun der erwartete große Krach, die lächerlichen Versuche, mit Gewalt, Drohung, mit List meine Rückkehr zu erzwingen. Nicht etwa im Interesse des Freigewordenen, o nein, nur damit auf der Familie kein Makel liegen bleibe. Johann Orth hatte dem System einen Stoß versetzt, nun kam der zweite. So leid es mir um meinen Vater, der nahe am Erblinden war, um meine Mutter, die schwer darunter litt, und meine geliebte Kinderfrau tat, ich konnte nicht zurück." [19]

Luise hatte sich in Dresden in ähnlich prekärer Lage befunden wie ihr Bruder. Auch ihr hatte man gedroht, sie in ein Irrenhaus zu sperren. Was also lag näher als die gemeinsame Flucht in die Schweiz. Luise war der festen Überzeugung, dass Leopold Ferdinand mit ihr in der Schweiz ein Heim gründen wolle, und zwar bis zu dem Tage, an dem sie als Königin gefahrlos nach Sachsen zurückkehren könnte. Dass er auch Wilhelmine Adamovic nach Zürich kommen lassen wollte, hatte er allerdings vergessen, seiner Schwester zu erzählen.

Auch Wilhelmine Adamovic reiste in größter Hektik und Angst. Mit einer ungeheuren Menge Gepäck – sie hatte nicht einmal auf ihren Kanarienvogel verzichtet, der wie ihr Geliebter auf den Namen „Bubi" hörte – war sie in Begleitung ihres Hausmädchens Grete in den Zug nach Zürich gestiegen. Ihr Geliebter hatte erfahren, dass seine Mutter zu Luise gesagt hatte: „Der Leopold muß unter Kuratel – er fängt mit der Person wieder an!" Ihm blieb nur die Flucht. Und Wilhelmine folgte ihm. So Hals über Kopf, dass sie vergaß, ihn zu fragen, wo sie in Zürich aussteigen sollte.

Als Wilhelmine in Zürich auftauchte, war dies eine große Überraschung für Luise. Sie beschreibt das Zusammentreffen in ihren Memoiren: „Ich erwachte durch das Geräusch einer Tür.

Prinzessin Alice von Bourbon Parma zusammen mit ihren
Kindern Luise und Leopold

Das elektrische Licht wurde aufgedreht, und als ich mich erhob,
um zu sehen, wer der Eindringling sei, begegnete mir der Blick
von einem Paar madonnenhaft schöner, dunkler Augen, die aus
einem regelmäßigen Gesicht, das von dichtem, prachtvollem
tizianrotem Haar eingerahmt war, leuchteten. Die Neuangekommene gehörte sicher nicht in meine Welt. Ich war bestürzt.
Ich hatte das weder erwartet noch gewünscht. Ich wußte, daß
mein Bruder sich in ein schönes Mädchen aus dem Volk verliebt
hatte, dachte aber nie daran, daß er sie heiraten wolle. ... Ich
versuchte jedoch, meine Mißstimmung zu verbergen und einige
Wärme in meine Worte zu legen. Es wurde mir aber unmöglich,
ihr näher zu kommen, da ich sofort entdeckte, daß sie nicht ge-

wohnt war, selbst die einfachsten Grundsätze der Erziehung und des Benehmens bei Tisch zu berücksichtigen …"[20]

Luise reagierte schnell. Sie ließ André Giron nach Zürich kommen. Alle vier begaben sich nach Genf, nahmen Wohnung im Hôtel d'Angleterre und schmiedeten Zukunftspläne. Der Erzherzog verfasste ein Schreiben mit der fingierten Absender-Adresse Brüssel an den Kaiser, das an Knappheit nicht zu überbieten ist: „Eure Majestät! Ich bitte Eure Majestät meine Stellung und Rang als Erzherzog ablegen zu dürfen, und den Namen Leopold Wölfling anzunehmen. Ich habe Dr. Adolf Ritter von Ofenheim mit der Regelung meiner Privatangelegenheiten betraut."

Der Kaiser reagierte kalt und unbarmherzig. Wie 13 Jahre zuvor bei Johann Orth genehmigte er auch diesmal den Austritt aus dem Kaiserhaus. Und er setzte auch andere Familienmitglieder davon in Kenntnis. Der Entwurf eines kaiserlichen Schreibens in dieser Causa gelangte im September 2005 im Auktionshaus Zeller in Lindau am Bodensee zur Versteigerung:

„Lieber Herr Neffe Erzherzog Ferdinand Carl! Seine k. und k. Hoheit Erzherzog Leopold Ferdinand hat mich in seinem, Brüssel 14. Dezember 1902 datierten Schreiben gebeten, seine Stellung und seinen Rang als Erzherzog ablegen und den Namen ‚Leopold Wölfling' annehmen zu dürfen. In Folge dessen habe Ich Mich bestimmt gefunden, mit Meinem Handschreiben vom 17. Dezember 1902 folgende Bestimmungen an ihn zu veranlassen: Ich habe seine Verzichtleistung auf die ihm durch die Geburt als Mitglied Meines Hauses zustehenden eventuellen Ansprüche und Rechte, insbesondere auch auf das Recht, als kaiserlicher Prinz und Erzherzog von Österreich, königlicher Prinz von Ungarn, Böhmen, etc. angesehen und behandelt zu werden, genehmigt und ihm die erbetene Annahme des bürgerlichen Namens ‚Leopold Wölfling' gestattet. Ferner habe ich ihm die Ablegung der Officiers-Charge bewilligt und seine Entlassung aus dem Heeresverbande verfügt, sowie verordnet, daß er aus der Reihe der Ritter des Ordens vom goldenen Vließe gestrichen werde. Auch habe ich ihm untersagt, ohne Meine ausdrück-

liche Erlaubnis von seinem Aufenthalte im Auslande die Grenzen
der österreichisch-ungarischen Monarchie, sowie Bosniens und
der Herzegowina zu dauerndem oder auch nur vorübergehendem
Aufenthalte zu überschreiten und ihm die Erwerbung einer frem-
den Staatsbürgerschaft, deren Wahl er Mir vorher anzuzeigen hat,
aufgetragen."

Erzherzog Leopold Ferdinand fügte sich nicht sofort in die
Bedingungen des Kaisers. Er hatte erlebt, wie es Johann Orth
ergangen war, dieses Schicksal wollte er nicht erleiden. Bis zum
April 1903 rangen Anwälte und kaiserliche Behörden verbissen
darum, sämtliche rechtlichen Punkte und auch die finanzielle
Seite zu regeln. Erst als Großherzog Ferdinand IV im Gegenzug für seinen Verzicht auf alle familien- und erbrechtlichen
Ansprüche die einmalige Zahlung von 200 000 Kronen und
eine monatliche Unterhaltszahlung von 3000 Kronen zusagte,
hatte das Tauziehen ein Ende. Leopold unterschrieb am 10. April
1903 seinen Austritt aus dem Hause Habsburg. Er verzichtete
damit auf die Erbfolge, hatte alle bis dahin erhaltenen Orden
zurückzugeben, sein Name wurde aus dem Gotha gestrichen
und er durfte nie mehr in seine österreichische Heimat zurückkehren.

Seine erste Handlung als freier Bürger namens Leopold Wölfling bestand darin, dem „Drang seines Herzens" zu folgen und
der Majestät für das „ganz außergewöhnliche Wohlwollen" zu
danken, das ihm der Kaiser zeitlebens entgegengebracht hatte.[21]
Im Juli 1903 heiratete er dann in Veyrier in der Schweiz Wilhelmine Adamovic. Das Paar übersiedelte bald in eine hübsche
Villa in Zug, die Großherzog Ferdinand finanziert hatte.

Leutnant Gräsers Abhärtungskuren

Das Eheglück allerdings war nicht von langer Dauer. Auf einer
Reise nach Südfrankreich traten die Unterschiede der beiden un-
gleichen Partner in Interessen und Bildung dramatisch zutage.
Während sich Leopold wie gewohnt schon vor Reiseantritt einen

genauen Plan gemacht hatte, was er alles besichtigen und welche Veranstaltungen er besuchen wollte, zeigte seine junge Frau nur Interesse für Trivialitäten. Es kam aber noch schlimmer.

Auf dem Monte Verità, einem Hügel über Ascona, hatte Leutnant Karl Gräser, den Wölfling beim Militär in Przemýsl kennengelernt hatte, eine „Aussteiger-Kolonie" gegründet. Hier versammelte er „Naturmenschen" um sich, ein bunt zusammengewürfeltes Häufchen aus Vegetariern, Anarchisten und Intellektuellen, die sich dazu entschlossen hatten, ein besseres, ein „alternatives" Leben zu führen. Man hauste in einem einfachen Holzhaus und kleidete sich in handgewebte, grobe Leinengewänder. Auf dem Speiseplan standen nur Obst und Gemüse, kein Fleisch.

So wohl sich Leopold Wölfling anfangs auch bei den „Naturmenschen" gefühlt hatte, so rasch ließ seine Begeisterung nach wenigen Wochen auch wieder nach. Wilhelmine hingegen war ganz in ihrem Element. Sie dachte nicht daran, die Kolonie zu verlassen. Schließlich entschloss sich Wölfling allein zur Abreise und ließ seine Frau zurück. Die Ehe wurde im Juli 1907 geschieden.

Ein Paukenschlag folgte noch bei der Klärung der rechtlichen Situation. Das Berliner Tagblatt ließ seine Leser in der Sonntags-Ausgabe vom 8. 3. 1908 wissen: „… Auch wollte sie ihren Advokaten, Leopold Wölfling und sich selbst erschießen. Ihre Aufregung war derart, daß ihre Schwester die Polizei rief, worauf Wilhelmine Adamovics tobsüchtig wurde. Als ihre Kleider sich dabei am Gasofen entzündeten, drohte sie, sich mit einer Hutnadel zu erstechen. Die Rettungsgesellschaft schnallte sie an eine Tragbahre, mußte sie aber wieder freilassen, worauf sie den Versuch machte, sich aus dem Fenster zu stürzen. Endlich gelang es, sie im Automobil auf die Polizei zu bringen, wo sie erklärte, niemanden als sich selbst umbringen zu wollen."

Wilhelmine konnte die Trennung nie verwinden. So schreibt Josef Schmall, der Herausgeber ihrer Memoiren, Frau Wölfling träume den schönen Traum einer Wiedervereinigung mit dem von ihr geliebten Mann jeden Tag und mit allen Fasern ihres

Herzens: „Sie davon zu überzeugen, daß die Trennung endgiltig ist, hieße, ihr den Lebensfaden abschneiden. Sie ist ihm herzensgut geblieben, und herzensgut wird sie ihm wohl auch bis an ihr Lebensende bleiben."[22]

Viel Zeit dafür war ihr allerdings nicht mehr vergönnt. Der extreme Vegetarismus und die radikalen „Abhärtungskuren" setzten ihr schwer zu. Josef Schmall: „Nun aber reichte der Verstand der armen Frau nicht so weit, daß sie die weisen Grenzen dieser Abhärtungskur zu bestimmen verstanden hätte. Sie ‚härtete' also flottweg jahraus jahrein ‚ab' und verlor dabei immer mehr an Lebenskraft und Blutwärme". So habe er sie auch an jedem Vormittag des Winters in einem eiskalten Zimmer angetroffen. „... Ich selbst hätte mich bald an ihrem Anblick erkältet – wenigstens schüttelte mich ein arger Frostschauer – und die Hand, die sie mir zur Begrüßung reichte – eine starre Totenhand hat dagegen Wärme!"[23] Tatsächlich starb Wilhelmine Wölfling Adamovic 1910 in Genf, nur drei Jahre nach der Scheidung.

Die Scheidung des ehemaligen Erzherzogs beschäftigte die Presse ungemein, sie füllte unzählige Titelblätter. Karl Kraus kommentierte den Presserummel ätzend: „Ob Leopold Wölfling sich deshalb von seiner Frau scheiden läßt, weil sie ihn zu vegetarischer Kost zwingen will, oder ob er wieder Erzherzog werden möchte ... darüber zerbricht sich die Wiener Presse seit einiger Zeit den Kopf ... Und so blieb uns denn kein intimes Detail, das zur Klärung der ehelichen Wirren im Hause Wölfling beitragen könnte, erspart. Offenbar gibt es interredaktionelle Konferenzen, die verhüten sollen, dass irgendein Blatt eine Lumperei vor den anderen voraushabe ..."[24]

Wölfling bleibt dem horizontalen Gewerbe treu

Aber damit nicht genug. Während die Scheidung des Ex-Erzherzogs noch heftig diskutiert wurde, platzte schon die nächste Bombe: Im Oktober 1907, knapp drei Monate nach seiner Scheidung, heiratete Leopold Wölfling zum zweiten Mal. Diesmal gab er auf einem Zürcher Standesamt Maria Magdalena Ritter das

Ja-Wort, einer Prostituierten, die er wenige Wochen zuvor einem Zuhälter für 10 000 Mark „abgelöst" hatte, der mit diesem Betrag später in Berlin ein Butter- und Käsegeschäft eröffnete.

Die „New York Times" berichtete, der ehemalige Erzherzog habe abermals unter seinem Stand geheiratet und abermals ziehe er das einfache Leben vor. Er sei mit seiner Frau in das kleine Fischernest Blonville in der Normandie gezogen. Das Paar habe keine Bediensteten, die Hausarbeit erledige eine Zugehfrau. Frau Wölfling trage Bauernkleider und koche. Herr Wölfling besorge in groben Leinenhosen, schäbigem Mantel und Kappe den täglichen Einkauf.

Während das Paar wenig später in Paris lebte, ging in der Schweiz eine Diskussion um seine Person los. Leopold Wölfling hatte um Einbürgerung angesucht und das passte den braven Schweizern nicht. Sie machten gegen den einstigen Erzherzog mobil, der „weltweit durch seine Weibergeschichten bekannt" sei. Die Behörden gaben sich offener. Sie erteilten Wölfling die Aufenthaltsgenehmigung.

Genützt allerdings hat er sie vorerst nicht. Er zog mit seiner Frau nach Deutschland und mietete sich in dem kleinen Ort Schlangenbad nahe Wiesbaden in der „Villa Dagmar" ein. Er verwöhnte seine unter Nervenfieber leidende Frau mit großzügigen Geschenken, mit Geld und Schmuck. Und die frisch gebackene Ehefrau zeigte ihrem Mann, wer der Herr im Hause war. Während sie schlief, sich zurechtmachte oder ausging, hatte er zu putzen, einzukaufen und zu kochen. Wölfling spielte einige Wochen mit. Dann platzte ihm der Kragen. Am 31. Mai verließ er vormittags das Haus. Am Nachmittag erhielt seine Frau ein Telegramm: „Ich kehre nicht zurück. Kein Grund zur Besorgnis. Gruß und Dank, Leopold." So scheiterte auch diese Ehe nach nur vier Jahren. Die beiden sahen sich nie wieder. Geschieden wurde die Ehe erst 15 Jahre später.[25]

Dem horizontalen Gewerbe blieb Wölfling dennoch treu. Schon im Oktober 1912 suchte er bei der Münchner Polizei darum an, die Prostituierte Maria Schweikhardt aus der Aufsicht zu entlassen, weil er zur Gänze für sie sorgen wolle. Das konnte er sich auch leisten. Sein seit 1891 in den Gewässern um Kap Horn verschollener Onkel Johann Salvator, Johann Orth, war im Mai 1911 amtlich für tot erklärt worden, das bescherte ihm ein Zwölftel der Hinterlassenschaft, 300 000 Kronen.

Um 1914 befand sich Leopold Wölfling in der Schweiz. Jetzt endlich fand er Zeit und Muße für seine naturwissenschaftlichen Studien und beschäftigte sich mit Mathematik, Botanik und Astronomie. Als der Erste Weltkrieg ausbrach, entdeckte er sein Herz für sein Vaterland. Er bemühte sich, in die Reihen seiner Verteidiger aufgenommen zu werden. Mutter Alix wurde bei Kaiser Franz Joseph vorstellig. Doch dieser reagierte eisig: „Erwähne den Namen Leopold nicht mehr. Er ist, seit ich ihn verbannt habe, tot für mich und wird es immer bleiben!"[26]

Die wirkliche Katastrophe brach über Wölfling nach dem Ende des Krieges herein. Bis dahin hatte er regelmäßige Zahlungen von seinem Vater erhalten. Diese Apanage hatte ausgereicht, um seinen Lebensunterhalt zu finanzieren. Nach dem Krieg aber fiel sie weg. Und damit begann für ihn der Kampf ums Dasein. Er war einmal Erzherzog. Einen Beruf, mit dem er seinen Lebensunterhalt verdienen konnte, hatte er nie gelernt.

Rückkehr nach Wien, Gelegenheitsjobs und verzweifelte Geldnot

1921 kam er nach 19 Jahren wieder nach Wien. Inzwischen hatte sich vieles verändert. Die Straßen ebenso wie die alten Bekannten, die er kaum wiedererkannte und die ebenso Not litten wie er. Das Angebot einer Filmgesellschaft, in einem Film über die Habsburger sich selbst in der Zeit zu spielen, als er Erzherzog war, lehnte er entrüstet ab. Ebenso das Angebot eines noblen Hotels an der Ringstraße, das ihn als Portier einstellen wollte – in der Hoffnung, ein ehemaliger Erzherzog gäbe einen guten Lockvogel für die Gäste ab. Der Geschäftsführer argumentierte, der Enkel des Erzherzogs Ernst verdiene als Oberkellner in einem Kaffeehaus in Budapest erstklassiges Geld. Wölfling: „Wenn sein Stolz es zuläßt, Trinkgelder in Empfang zu nehmen, soll er nur so weitermachen. Was mich anbetrifft – so haben die Trinkgelder für mich nichts Verlockendes."[27]

Ein Hoffnungsschimmer tauchte auf, als er eine Stelle als Korrespondent für Fremdsprachen erhielt – immerhin beherrschte er zwölf Sprachen. Wölfling in seinen Erinnerungen:

„Voller Eifer mache ich mich an die Arbeit. Schreibe Briefe in englischer, französischer, italienischer, ungarischer, spanischer, portugiesischer Sprache – arbeite vom frühen Morgen bis in die späte Nacht – und fühle mich sehr befriedigt. Doch mein Glück hält nicht lange an. Eines Tages lädt mich mein Chef zu sich ein.

„Es werden ein paar Freunde bei mir sein …"

Ich gehe hin. Die Gäste sind schon versammelt. Oh, was für Gesichter! Der boshafteste Karikaturenzeichner wäre nicht imstande, eine solche Galerie von Schiebern zusammenzustellen. Von allen Seiten strecken sich mir fette, schweißige Hände entgegen, und in Fettpolster gebettete Äuglein sehen mich neugierig an.

„Erzählen Sie uns etwas über die Hofburg …" – höre ich von allen Seiten …

Ich kann nicht in einer solchen Gesellschaft bleiben. Ich gehe. Am nächsten Tage erklärt mir mein Chef kurz, mit kalter Feindseligkeit, daß er mich nicht mehr brauchen könne …"[28]

Wölfling suchte um eine Gnadenpension an, sie wurde aber abgelehnt. In einem abgewetzten Mantel und in zerschlissenen Stiefeln, durch die das Wasser eindrang, ging er auf Jobsuche. Es gelang ihm, sich als Versicherungsagent, Beamter in einer Wechselstube oder Inseratenacquisiteur durchzuschlagen. Bis plötzlich überhaupt nichts mehr ging. Wölfling in seinen Erinnerungen:

„Und dann kommen lange, böse Tage: Ich kann gar keine Arbeit finden und nichts selbständig anfangen. Ich befinde mich in einer so entsetzlichen Lage wie noch nie zuvor. Ich hungere nicht nur, ich habe auch nicht einmal ein Dach über dem Kopf – meine Wirtin hat mir die Tür vor der Nase zugeschlagen, weil ich ihr schon lange

Der hochgeborene Delikatessenhändler: In der Schiffsmühlenstraße
im heutigen Kaisermühlen verkaufte der Ex-Erzherzog Wurst und Käse.

*keine Miete mehr gezahlt habe ... Ich bin auf der Straße. Hungrig
und vom Regen durchnäßt, schleppe ich mich den Ring entlang und
blicke voller Neid in die Fenster der hell erleuchteten Cafés ... Wenn
ich jetzt nur eine Krone hätte, würde ich mir Brot kaufen – frisches,
heißes Brot, das mir in dieser Minute schmackhafter erscheint als
alle Delikatessen, die ich einst gegessen habe ...*"[29]

In der ärgsten Bedrängnis erreichte ihn ein Telegramm: Er wurde gebeten, in Berlin bei der Premiere eines Stummfilmes über
die Habsburger einen kleinen einleitenden Vortrag zu halten. Er
nahm an. Und als das Publikum im Primus-Palast an der Pots-
damer Straße begeistert applaudierte, wurde er dazu verpflichtet, diesen Vortrag auch in anderen Städten zu halten. So wurde er Conférencier und reiste mit dem Film auch ins Ausland.
Im folgenden Frühjahr allerdings war seine Tournee zu Ende:
Der Tonfilm hatte den Stummfilm ersetzt, jetzt konnte man auf
Conférenciers verzichten. Wieder in Berlin, zeigte die Not Leopold Wölfling ihr schreckliches Gesicht, wie er sich ausdrückte.
Da erfuhr er, dass im Kabarett „Rakete" ein Türsteher gesucht
wurde. Er bewarb sich um die Stelle. Als der Inhaber des Kaba-

retts aber sah, dass er einen waschechten österreichischen Erzherzog vor sich hatte, engagierte er ihn als Schauspieler.

Das Angebot abzulehnen, konnte sich der mittlerweile 53-jährige, ergraute Leopold Wölfling nicht leisten. Also stand er ab dem Sommer 1922 täglich außer Montag auf der Bühne. In Tropenuniform, mit Helm und „scheuchender" Hose gab er einen Erzherzog-Admiral, der auf der Suche nach einer Jugendfreundin in ein eindeutig-zweideutiges Etablissement gerät. An Text war für ihn nicht viel vorgesehen. Er hatte lediglich Worte zu sagen wie „Bittschön" oder „ganz meinerseits". Wenn er jedoch mit „Hoheit" angesprochen wurde, applaudierte das Publikum. Es wusste, dass hier eine echte Hoheit auf der Bühne stand. Schließlich waren die „Sensation" und „die Hoheit" in zwei Schaukästen neben dem Kassenhäuschen angekündigt. Und im Programmheft war die ganze Titelflut angeführt: „Kaiserlicher Prinz und Erzherzog von Österreich, Königlicher Prinz von Ungarn und Böhmen, Großherzog von Toscana und Ritter des Ordens vom Goldenen Vlies."[30]

Wohl gefühlt hat sich der Ex-Erzherzog in dieser Rolle mit Sicherheit nicht. In seinen Erinnerungen verteidigte er sich aber lapidar: „Man muss schließlich von etwas leben." In Wien adoptierte Wölfling, der mittlerweile unter Asthma und Bronchitis litt, Aloisia Böhm, aller Wahrscheinlichkeit nach seine in Brünn geborene Tochter, die sich durch ihre Alimentationsklage in Erinnerung gerufen hatte. Ihr Mann, der Sozialdemokrat Johann Böhm, betrieb in Kaisermühlen, in der Schiffsmühlenstraße 58, eine Greißlerei. Der ehemalige Erzherzog half oft aus, schnitt Wurst auf und packte Brötchen ein, das Geschäft aber ging schlecht und machte bald Pleite. Die „Familie" übersiedelte daraufhin in ein kleines Einfamilienhaus in Mauer, Rosenhügelstraße 239, wo Aloisia ihren Vater liebevoll betreute. 1929 bat Wölfling in seinem neuerlichen, von Trier aus eingereichten Gesuch um Gnadenpension, um Antwort an die Adresse von Johann Böhm, Ortsleiter der Heimwehr, in Mauer.

Eine Gelegenheit, seine Vergangenheit zu bewältigen, ergab sich Ende der 1920er Jahre in Berlin, als ein Verleger Wölfling

Späte Liebe: Die um 34 Jahre jüngere Klara Hedwig Pawlowski begleitete den Ex-Erzherzog in Berlin durch seine letzten, in Armut verbrachten Lebensjahre.

zum Schreiben ermunterte und ihm zusagte, seine Erinnerungen an die Hofburg und die Habsburger in seiner Zeitung abzudrucken. Seine Artikel erschienen in der Berliner Morgenpost. Es folgte eine Serie unter dem Titel „Habsburger Kaiserinnen, die ich kannte". Die Leser waren begeistert und verlangten nach mehr. Der Verleger hätte nur zu gerne auch eine Serie über Wölflings eigene „Weibergeschichten" gehabt – mit diesem Wunsch biss er bei ihm aber auf Granit. Nicht zuletzt, weil sich im Leben des früheren Erzherzogs auch privat vieles zum Positiven gewendet hatte. Wölfling: „… Berlin ist mir eine neue Heimat geworden, denn nach langen und vielen Mißverständnissen und Sorgen habe ich einen friedlichen und bescheidenen Hausstand gegründet, in den das unscheinbare Blümelein eingezogen ist." Weniger poetisch ausgedrückt bedeutete das: Leopold Wölfling hatte im Juli 1933 ein drittes Mal geheiratet, Klara Hedwig Pawlowski, die um 34 Jahre jüngere Tochter eines Eisenbahners.

Das Ehepaar bewohnte ein graues Hinterhaus in der Belle-Alliance-Straße 53 in Kreuzberg, dem heutigen Mehringdamm. In einer kleinen, dunklen Wohnung im zweiten Stock arbeitete der Ex-Erzherzog an seinen Artikeln und an seinen Memoiren mit dem Titel „Als ich Erzherzog war". Er schloss mit den Worten: „Ich bin 66 Jahre alt. Habe ein langes und buntes Leben hinter mir und wollte jetzt, da ich mich der Schwelle der Tür nähere, die in eine andere, geheimnisvolle Welt führt, noch einmal auf die Vergangenheit zurückblicken. So blickt der Wanderer von einem hohen Berge aus auf den von ihm zurückgelegten Weg hinab ... Meine Arbeit ist beendet. Ich habe meinen Lesern alles mitgeteilt, was ich erzählen konnte, und mache zufrieden einen Punkt."

Das Erscheinen dieses Buches durfte er allerdings nicht mehr erleben. Er starb am 4. Juli 1935 in Klaras Armen. Zu seinem Begräbnis auf dem Friedhof III der Jerusalems- und Neuen Kirche am Mehringdamm kam nur eine Handvoll Trauergäste.

Die Ausreißerin

Erzherzogin Luise, das zweite Kind von
Großherzog Ferdinand IV. und dessen zweiter Frau
Alice von Bourbon-Parma
* 2. 9. 1870 in Salzburg, † 23. 3. 1947 in Brüssel

Die beiden Kinderfrauen Tatl und Nockerl hatten ihre liebe Not:
Luise, die nach Leopold Ferdinand als zweites Kind geborene
Tochter des Großherzogs Ferdinand IV. und seiner jungen Frau
Alice von Bourbon-Parma, war ein richtiger Wildfang. Hochbe-
gabt und blitzgescheit, war sie immer für Überraschungen und
Unfug gut. Sie besaß schon als kleines Kind sprühende Lebens-
freude, ein mitfühlendes Herz und die Gabe, gegen Zwang und
Zumutung zu rebellieren. Das machte ihre Erziehung nicht ge-
rade einfach.

Die Umgebung, in der Luise geboren wurde und aufwuchs,
war alles andere als lieblich und freundlich. Nach ihrer Flucht
aus Florenz hatte Kaiser Franz Joseph den „Toskanern" Teile der
Salzburger Residenz zur Verfügung gestellt. Während sich der
im ähnlich finsteren und unfreundlichen Palazzo Pitti in Florenz
aufgewachsene „Nando" rasch an das weit verzweigte, düstere
und kalte Gewirr von Gängen, dicken Mauern und muffigen,
herabgekommenen Zimmerfluchten gewöhnte, empfanden die
Kinder das Residenzschloss jedoch als Albtraum.

Die unpraktisch angeordneten, mit uraltem, zum Teil ver-
gilbtem Papier tapezierten Räume machten ihnen Angst.
Ebenso wie die unheimlichen Erzählungen von Morden und
grauenhaften Ereignissen, die sich angeblich in diesen Mauern
zugetragen haben sollten. So erinnert sich Luise in ihren Memoiren an die Angst, die sie empfand, wenn sie durch die kalten

Säle schritt. An den Wänden hingen die Ahnenbilder ihrer habsburgischen Familie und sie stellte sich vor, wie diese „… nachts blaß und stumm aus ihren Bilderrahmen steigen und durch die dunklen Räume wandeln".[1]

Abgesehen von diesen Schreckensvorstellungen, verlebte die von Tatl und Nockerl betreute kleine Erzherzogin bis zu ihrem siebenten Lebensjahr dennoch relativ unbeschwerte Kinderjahre. Dann aber begann für sie wie für jedes königliche Kind der bittere Ernst der Erziehung. Jetzt waren anstelle der Kinderfrauen Erzieher und Erzieherinnen für sie zuständig. Sie sollten Musterkinder werden: „Geistvolle Automaten, das war das Ziel der Erziehung, nur keine individuelle Persönlichkeit, schablonenhaftes Nachplappern von Gehörtem, kein Fragen und Selbstbeantworten …"[2]

Kinderstreiche

Ab sofort galt es, strikte Benimm-Regeln zu beachten. Für alles und jedes. Es gab exakte Vorschriften, wie ein Zimmer zu betreten war, wie man aus dem Wagen zu steigen, jemandem die Hand zu reichen oder Konversation zu führen hatte. Schon damals meldete sich ihr kritischer Geist. Sie spürte, dass ihr junges Leben der kalten, toten Stellung geopfert wurde, in die sie später einmal gezwungen werden sollte. Ohne jegliche Rücksicht auf ihre persönlichen Bedürfnisse und ihre privaten Neigungen. Luise wusste diesem Zwang zu trotzen. Sie wuchs als einziges Mädchen unter vier Brüdern auf, ein Schwesterchen bekam sie erst, als sie schon acht Jahre alt war. Dass diesem unternehmungslustigen Kreis an kleinen Erzherzögen einiges an Unfug einfiel, ist nur natürlich. Dem stand jedoch der Ehrgeiz der Erzieher entgegen, aus dieser Rasselbande die besterzogenen Prinzen der Welt zu machen.

Einmal war Luise besonders ungezogen. Zur Strafe wurde ihre Schwimmstunde gestrichen. Das traf sie hart, denn sie liebte das Schwimmen über alles. Am Nachmittag unternahm die Erzieherin mit Luise und ihren Brüdern einen Spaziergang

Als einziges Mädchen unter vielen Brüdern lernte Luise früh,
sich zu behaupten. Beliebt machte sie sich vor allem durch ihre
sprühende Lebensfreude.

an einen kleinen See nahe der Stadt, an dem sich das elegante
Salzburg gerne traf. Die kleine Gruppe wurde von den Ausflüg-
lern neugierig betrachtet. Am Ufer wartete ein kleines Boot, die
Erzieherin stieg mit den Kindern ein. Da stach den kleinen Leopold Ferdinand der Hafer. „Stellen wir was an!", flüsterte er seiner Schwester heimlich zu – und diese nickte verschwörerisch.
Kaum hatte das Boot abgelegt, bat Luise, baden zu dürfen. Die
Erzieherin lehnte den Wunsch der Kaiserlichen Hoheit entrüstet
ab. Die Buben kicherten – und Luise sprang in ihren Kleidern

in einem raschen Satz ins Wasser. Vor den Augen der amüsierten Zuschauer, begleitet von aufmunternden Rufen ihrer Brüder und dem wütenden Gezeter der Erzieherin schwamm sie glückselig einige Runden.

Der Heimweg verlief schweigend. Luise trotzte. An der Treppe der Residenz begegnete sie Erzherzog Ludwig Victor, dem Bruder des Kaisers. Er brach in fröhliches Lachen aus, als er das völlig durchnässte Kind sah. Die Mutter reagierte weitaus strenger. Sie sagte: „Nur eine Sache ist möglich, Luisa, und das ist, daß ich sofort nach einem Irrenarzt senden werde, da du verrückt geworden sein mußt!" [3]

Schwerwiegende Drohungen wie diese sollte sie später noch oft zu hören bekommen.

Vorerst aber hatte sie sich durch eine Reihe von Jugend- und Mädchenjahren zu kämpfen, die vor allem von Eintönigkeit und Drill geprägt waren. Neun Stunden hatte sie jeden Tag Unterricht. Am Ende jedes Schuljahres standen strenge Prüfungen. Luise war zudem ebenso wie ihre Brüder völlig von der Außenwelt abgeschirmt. Sie bekam weder Zeitungen noch moderne Literatur zu lesen, Konzert- oder Theaterbesuche fanden äußerst selten statt. Was zählte, war die Religion. In der Residenz hatten die Priester und Beichtväter das Sagen. Die Kinder besaßen eine Sammlung an Gebetbüchern und Rosenkränzen, die jedem Kirchenmuseum Ehre gemacht hätte.

Als Lichtblicke empfand Luise später die Jagdausflüge, zu denen sie ihren Vater begleiten durfte. Sie lernte bald gut schießen und genoss den Aufenthalt in der Natur, die würzige Gebirgsluft und das Gefühl von Freiheit und Weite – im Gegensatz zur Salzburger Enge.

Heiratspläne

Wie in allen Fürstenhäusern spielte auch bei den „Toskanern" die Heiratspolitik eine große Rolle. Luise war noch nicht 16 Jahre alt, da begann ihre Mutter schon Ausschau nach einem geeigneten Heiratskandidaten für ihre Tochter zu halten. In die nähere Auswahl kam Don Pedro, der Neffe von Luises Großtante, der Kaiserin von Brasilien. Als sich die Kaiserin mit Don Pedro in Baden-Baden aufhielt, reiste Mutter Alix mit ihrer Tochter eiligst dorthin. Luise war der Grund der Reise vorerst gar nicht klar. Erst als sie ihre Brüder hänselten, sie werde schon sehen, an wen sie verkauft werde, begann ihr einiges zu dämmern.

Mit Don Pedro verstand sich Luise auf Anhieb sehr gut. Noch ganz Kinder, vergnügten sich die beiden damit, im Garten der Villa herumzutollen und über Blumenbeete zu springen. Die beiden Familien ließen die Heiratspläne dennoch fallen. Zum Glück für Luise, denn Don Pedro verfiel drei Jahre später in geistige Umnachtung und musste sein Leben in einem österreichischen Schloss unter ärztlicher Aufsicht verbringen.

Im folgenden Sommer startete der nächste Versuch. Das Königshaus Sachsen sprach eine Einladung an den Großherzog von Toskana aus und dieser reiste mit Frau, Tochter und zwei Söhnen nach Schloss Pillnitz. Wieder hielten sich die Brüder mit ihren Hänseleien nicht zurück. Luise werde eines Tages noch Königin von Sachsen, spotteten sie diesmal. Luise ärgerte sich grün und blau über ihre frechen Brüder. Und dann kam alles ganz anders.

Königin Carola von Sachsen gab sich liebevoll und reizend. Sie veranstaltete für Luise einen Ball. Und diese verwendete voll Eifer und Glück Stunden darauf, sich für dieses große Ereignis herauszuputzen. Das Ergebnis war beeindruckend: Luise trug ein Ballkleid aus zarten blassrosa Mousseline mit kleinem Halsausschnitt und kurzen Ärmeln. Mama Alix hatte in ihre reiche Schmuckschatulle gegriffen und für diesen Anlass aus Salzburg ein paar besonders schöne Stücke mitgebracht. Das dunkelbraune Haar war in sanften Wellen um die Stirn gelegt und mit rosa Rosen geschmückt.

Auch Prinz Friedrich August bot an diesem Abend einen höchst erfreulichen Anblick. Er trug eine hellblaue, mit Gold verzierte Husarenuniform, erwies sich als brillanter Tänzer und wusste charmant und freundlich zu plaudern. Wer immer den beiden beim Tanzen zusah oder ihre angeregte Unterhaltung beobachtete, war überzeugt, dass sie ein ideales Paar waren. Hübsch wie aus dem Bilderbuch.

Luise war auch von dem Land Sachsen angetan. Sie fand die Menschen, die sie kennenlernte, interessant und sympathisch und begeisterte sich für die Schlösser des Königs. Nach Salzburg kehrte sie dennoch unverlobt zurück. Das Thema war nicht einmal besprochen worden. Prinz Friedrich August aber spukte Luise gehörig im Kopf herum – viel mehr, als ihre Eltern ahnen konnten.

Der brüskierte Bulgare und der glückliche Sachse

Vier Jahre später, im Winter 1891, trat ein weiterer Heiratskandidat auf den Plan: Prinz Ferdinand von Bulgarien. Er gefährdete beinahe den häuslichen Frieden in Salzburg, denn Luises Vater war für diese Verbindung, ihre Mutter aber dagegen. Aus diesem Dilemma sollte eine Wallfahrt nach Mariazell Abhilfe schaffen. Die gute Absicht allein genügte der Gnadenmutter offenbar, um einzugreifen: Auf halbem Weg erreichte Mutter und Tochter am 11. Juni ein Telegramm, das den Besuch von Prinz Georg von Sachsen und seinem Sohn Prinz Friedrich August in Lindau ankündigte. Und das schon für den 19. Juni!

Zuvor aber galt es, den bulgarischen Prinzen in Augenschein zu nehmen. Jetzt musste alles sehr rasch gehen. Mutter Alix und Luise kehrten in rasender Eile nach Wien zurück, nahmen einen Zug nach Budapest und fuhren in halsbrecherischer Kutschenfahrt nach Schloss Alcuth, wo ein Zusammentreffen mit Prinz Ferdinand von Bulgarien vereinbart wurde. Dieser Prinz präsentierte sich fesch und schneidig, in grauem Anzug und Panama-Hut, eine Operetten-Hoheit. Er bat Luise, ihn zu heiraten. Diese aber lehnte ab: „Ich bin überzeugt, daß Sie mich nur heiraten wollen, weil ich eine österreichische Erzherzogin bin, und das Wort Erzherzogin steht vor dem Wort Liebe in ihrem Wörterbuch ... Ich werde Sie niemals heiraten. Gehen Sie zum Herzog von Parma und bitten Sie um die Hand meiner Cousine Marie Luise."[4]

Luise in einem dem Rokoko-Stil Marie-Antoinettes nachempfun-
denen Ballkleid samt passendem Kopfschmuck und Täschchen

Diese Ablehnung hatte zu Hause natürlich Konsequenzen.
Vater Ferdinand war wütend, er befürchtete, Ärger mit dem
Haus Coburg zu bekommen, was auch tatsächlich eintrat. Mut-

ter Alix hingegen triumphierte. Trost für Luise fand nur die Großmutter. Sie bestärkte sie darin, sich zu nichts zwingen zu lassen, was ihr widerstrebte. Luise aber hatte zum ersten Mal in ihrem Leben deutlich das Gefühl, sich unentrinnbaren Zwängen fügen zu müssen. Sie weinte.

In diese gewitterschwangere Atmosphäre fiel der Besuch von Prinz Friedrich August. Er kam mit seinem Vater und seiner Schwester nach Lindau und blieb nur zwei Tage. Vor seiner Abreise hielt er offiziell um Luises Hand an. Sie erbat sich Bedenkzeit. Die Vorstellung, einmal Königin zu sein, schmeichelte ihrer Eitelkeit. Und in ihren Mädchenträumen malte sie sich aus, wie sie ihrem Volk Gutes tun und die Herzen ihrer Untertanen gewinnen könne. Schließlich sagte sie zu. Ihr Vater benachrichtigte Prinz Friedrich August, dass sie bereit sei, seine Gemahlin zu werden, und dieser reiste sofort nach Lindau, wo offiziell Verlobung gefeiert wurde. Je besser sie ihren Bräutigam kennen lernte, desto glücklicher war sie über ihre Wahl: „Ich glaube nicht, daß es einen Mann mit edlerem und besserem Herzen wie ihn auf der Welt gibt. Er schien damals, wie er es jetzt noch ist, unfähig, an Intrigen und Bosheit zu glauben …" [5]

Jetzt galt es nur noch, eine Formalität zu erledigen: Die Genehmigung seiner allerhöchsten Majestät des Kaisers musste eingeholt werden. Papa Ferdinand telegrafierte nach Wien. Der Kaiser, wie immer bereits über alles genauestens informiert, erteilte seine Zustimmung sofort und übermittelte seine herzlichen Glückwünsche.

Die folgenden Wochen vergingen wie im Flug. Der Trousseau, die Aussteuer, wurde in Wien bestellt. Er enthielt kostbare Toiletten und Juwelen von unschätzbarem Wert. Vom Kaiser kamen die jeder mit seiner Zustimmung heiratenden Erzherzogin zustehenden hunderttausend Gulden und dazu ein Diadem aus Diamanten, Saphiren und Perlen. Prinz Friedrich August überhäufte seine junge Braut mit kostbarem Schmuck aus dem Besitz seiner verstorbenen Mutter, der Infantin von Portugal. Der König von Sachsen überreichte prachtvollen Hausschmuck der sächsischen Familie und Mutter Alix griff auch diesmal in ihre tiefe Schmuckschatulle. Luise fühlte sich wie eine Prinzessin in „Tausendundeiner Nacht".

Ende November schließlich reiste die Familie nach Wien. Zur Renunziation, jenem Akt, in dem eine ins Ausland heiratende Erzherzogin auf den Thron und die Erbschaftsrechte verzichten musste. Sie ging vor 400 geladenen Gästen und in Anwesenheit des Bräutigams in aller Feierlichkeit im Thronsaal der Wiener Hofburg über die Bühne. Damit stand der Hochzeit auch formal nichts mehr im Wege. Sie fand unter größtem Pomp am 21. November 1891 in der Hofburgkapelle statt.

Luise ist anders

Bei der Trauung trug Luise eine Robe aus weißem „Moiré antique", in Reliefstickerei mit goldenen Rosenzweigen bestickt. Dazu ein Kornährendiadem, das einen langen Tüllschleier hielt. Ein Page musste die schwere Schleppe über die Stiege zur Kirche tragen. Als Luise sah, dass der kleine Bub auf Grund des Gewichtes den Tränen nah war, nahm sie die Schleppe selbst in die Hand, das bedeutete zwar einen schweren Verstoß gegen die Etikette, aber so war Luise nun einmal.

Nach der Hochzeit reiste das Paar im Hofzug des Kaisers nach Prag, verbrachte zwei Tage auf dem Hradschin und fuhr dann weiter nach Sachsen. Der Hofzug hielt in jeder Bahnstation und überall wurde ein triumphaler Empfang bereitet. In Dresden selbst war alles auf den Beinen, um die achtspännige Staatskarosse mit Hochrufen zu begleiten und mit Rosen förmlich zu überschütten.

Noch war das Königspaar, Albert und Carola, am Leben, das sein Amt nachsichtig und klug erfüllte. Sie bemerkten zwar, dass die impulsive Luise „ganz anders war", ein richtiges Kuckucksei am Hof, aber sie nahmen sie so, wie sie war. Die Kronprinzessin selbst sprach von ihnen nur voll Hochachtung. Den spießigen, philisterhaften Hof hingegen empfand sie als äußerst unangenehm. Mit blankem Entsetzen bemerkte sie einmal, als ein junges Mädchen während eines Hofballs im Taschenbergpalais beim Tanzen ausrutschte und stürzte, dass es üblich war, statt seidener Strümpfe und feinster Batist-Wäsche selbst gestrickte Strümpfe und mit Häkelspitze versehene, gestreifte Barchent-Unterwäsche zu tragen.

Auch die Eleganz des Königs selbst hielt sich in Grenzen. Die Uniform ließ ihn zwar stattlich aussehen, in seinen Privatkleidern aber wirkte er mit zu kurzer Hose, hässlichen Gummihalbschuhen und gestrickten weißen Wollsocken richtig armselig. Das war aber nur der äußere Eindruck. Luise später in ihren Memoiren: „Der Hofkreis bestand während der Zeit, die ich in Sachsen verlebte, aus einer Sammlung der kleinlichsten, böszüngigsten und eingebildetsten menschlichen Wesen, die ich mir nur denken kann".[6]

Luise sorgte für reichliche Nachkommenschaft. Sie liebte Kinder über alles und genoss ihr Mutterglück. Für ihren Erstgeborenen bestellte sie eine genaue Kopie der vergoldeten Wiege in Salzburg. In den Jahren von 1893 bis 1901 brachte sie sechs Kinder zur Welt – ein kleines Mädchen starb kurz nach der Geburt. Auch die Bevölkerung Sachsens liebte die Kronprinzessin, es nannte sie „unsere Luisa".

Die Prinzen und Prinzessinnen zu stillen, wurde der jungen Mutter untersagt. Das schicke sich nicht für eine Prinzessin, erklärte der König hartherzig. Auch um die Erziehung durfte sie sich nicht kümmern. Diese Aufgabe erfüllte die Frau Oberhofmeisterin, schließlich waren Prinzen keine gewöhnlichen Kinder, sondern gehörten dem Staat. Ihre Erziehung wurde daher von der Staatsräson bestimmt.

Stubenarrest für die Kronprinzessin

Bei Hof sorgten Luises „Exzentrizitäten" zunehmend für Reibereien. Der Hofstaat, eine verschworene Schar von Schnüfflerinnen und Gouvernanten, überwachte das Leben der Kronprinzessin bis ins kleinste Detail. Für „Verfehlungen" wurde sie bestraft. Mit Stubenarrest hatte sie zum Beispiel dafür zu büßen, dass sie mit ihrem kleinen Sohn einen Badeausflug in Loschwitz

Das sächsische Kronprinzenpaar Friedrich August und Luise mit seinen ersten vier Kindern Georg, Christian, Ernst und Margarethe

unternahm und dort Aufsehen verursachte, weil sie sich in ihrem – ohnehin züchtigen – Badekostüm zeigte. Auch ein Stück Kuchen, genossen im Atelier eines Malers in Loschwitz, eine Straßenbahnfahrt in Dresden oder ein Bummel über den Altenmarkt zogen Stubenarrest nach sich. Luises Ehemann Friedrich August hielt sich aus allem heraus. Er beschäftigte sich mit Skat und Reiten und fand Trost beim Bier im Offizierscasino.[7]

Die Situation verschlimmerte sich dramatisch, als Luises Schwiegervater, Prinz Georg, ein religiöser Fanatiker, der stundenlang vor dem Altar seiner Hauskapelle kniete, den Thron bestieg. Ihm waren Luises Originalität und Phantasie ein Dorn im Auge. Dass sie sich in Zeiten, in denen das Radfahren Männern vorbehalten war, darauf kaprizierte, mit dem Fahrrad durch Dresden zu radeln, betrachtete er als Skandal. Erst recht provoziert fühlte sich der streng katholische König aber dadurch, dass sie ihre Vorliebe für das protestantische Volk zeigte. Die schweren Differenzen erreichten ihren Höhepunkt, als der König sagte: „Es ist ein Unglück, dass du in unsere Familie gekommen bist, da du niemals eine der unseren werden wirst." [8] Diese Worte trafen schwer.

Das alles war schlimm genug. Das Fass zum Überlaufen aber brachte Luises Vorliebe für André Giron, den aus Brüssel stammenden Sprachlehrer ihrer Kinder. Dass sich zwischen Luise und dem eleganten und geistvollen Sprachlehrer etwas abspielte, hatten die Schlüsselloch-Spioninnen bald herausgefunden. Außerdem war entdeckt worden, dass das Paar heimlich Briefe austauschte und als Versteck eine große Salonvase benützte.

Giron wurde am 2. Dezember 1902 entlassen. Luise war abermals schwanger. Ihr Schwiegervater stellte sie vor die Alternative: Irrenhaus oder Kloster. In Panik entschloss sie sich zur Flucht. Sie verließ Dresden und fuhr nach Salzburg, um sich mit ihrem Vater auszusprechen. Dieser aber zeigte kaum Verständnis. Er schrieb ihre Ängste und Verfolgungsvermutungen ihren durch die Schwangerschaft überreizten Nerven zu und versuchte, sie zur Rückkehr an den Dresdner Königshof zu bewegen. Bei ihrem Bruder, Erzherzog Leopold Ferdinand, fand sie mehr Verständnis. Er befand sich in einer ähnlichen Situation wie sie. Er schlug ihr die gemeinsame Flucht in die Schweiz vor. In der Nacht zum 11. Dezember 1902, nach der letzten versuchten, aber erfolglosen Aussprache mit ihrem Vater, unternahmen beide den folgenschweren Schritt. Luise: „Wir schlichen auf Strümpfen durch die eisigen Säle bis zu meines Bruders Wohnung. Wir gingen vorsichtig durch die Empfangsräume und durch den Ahnensaal, wo ich im Mondlicht die Bilder meiner Vorfahren sehen konnte, wie sie auf uns, ihre flüchtenden Nachkommen, herabsahen. Ihre Gesichter erschienen meinen aufs äußerste angespannten Nerven, als wenn sie einen Ausdruck höhnischer Freude trügen. Leopold schloß eine Türe am Ende der Treppe auf, und wir befanden uns auf dem Salzburger Domplatz …"[9]

Flucht in die Schweiz

Die Flucht glückte. In Zürich angekommen, staunte Luise zuerst einmal darüber, dass für sie kein Empfang mit rotem Teppich und Begrüßungsspalier bereitet worden war. Niemand hatte bemerkt, dass es sich bei der schwarz gekleideten Frau in Begleitung des gut aussehenden jungen Mannes um die Kronprinzessin von Sachsen und einen Erzherzog von Österreich handelte. Das war eine völlig neue Erfahrung.

Dazu kam die Erkenntnis, dass die verwöhnte Kronprinzessin, der bisher ein riesiger Hofstaat von Bediensteten jeden auch noch so kleinen Handgriff abgenommen hatte, nun auf sich selbst gestellt war. Mit ihrem Bruder hatte sie in nächtelangen Gesprächen versucht, Pläne für die Zukunft zu entwerfen. Mit Wilhelmine Adamovic kam sie nicht zurecht: „Leopolds Braut war so ungeschickt und zum Verzweifeln taktlos, daß sie meinen nervösen Zustand nur noch verschlimmerte. Ich bin überzeugt, das arme Geschöpf meinte es wirklich gut; aber wenn sie mich als Prinzessin behandelte, war sie lächerlich, und wenn sie mich wie ihresgleichen behandelte, noch lächerlicher."[10]

Eine Rückkehr nach Dresden schien unmöglich. Die Vorstellung, dort in ein „Irrenhaus" eingewiesen zu werden, entwickelte sich geradezu zur fixen Idee. An ihren Mann, den Kronprinzen, konnte sie sich nicht wenden. Sie wusste, dass er zu schwach war, um sie zu schützen. Also entschloss sie sich zu einem kompromittierenden Ausweg: Sie sandte ein Telegramm an André Giron – und dieser kam sofort.

Während der Dresdner Hof Suchtrupps aussandte, die Luise in Deutschland aufspüren sollten, entschlossen sich die beiden Paare zur Weiterreise nach Genf. Schließlich tauchte sogar die deutsche Geheimpolizei in der Schweiz auf. Sie musste unverrichteter Dinge abziehen: In der Schweiz durfte niemand von ausländischer Polizei festgenommen werden.

Luises Flucht löste in Sachsen tumultartige Zustände aus. „Flucht der Landesmutter Luise", „Irrenhaus! – Das Drama ist zu Ende" – so titelten sächsische Tageszeitungen 1903. Und Luises zahlreiche Anhänger beschuldigten das Königshaus, die Mutter der fünf Prinzen – die jüngste Tochter war gerade erst ein Jahr alt – so schlecht behandelt zu haben, dass sie das Land verlassen hatte. Gegen die Demonstranten, die lauthals forderten, Luise müsse zurückgebracht werden, wurde sogar die Polizei eingesetzt. Kronprinz Friedrich August versuchte seine Frau durch einen Brief zur Rückkehr zu bewegen, in dem er ihr versicherte, dass alles gut werde. Den Intriganten am Dresdner Hof gelang es aber, zu verhindern, dass der Brief in Luises Hände gelangte.

Die Presse reagierte völlig entfesselt auf den Skandal im Königshaus. Reporter und Fotografen lagen immer und überall auf der Lauer. Der Mitarbeiter einer amerikanischen Zeitschrift versprach Luise, die Treppe, die sie gerade hinunterschritt, mit Banknoten zu bedecken, wenn sie ihm ein paar Worte sagte. Eine Pariser Illustrierte brachte sogar ein Foto, das die Kronprinzessin im Négligé mit ihrem Liebhaber zusammen zeigte. André Giron aber hielt es nicht lange mit der übernervösen, schwangeren Frau in einem Hotelzimmer aus.

Konsequenzen

Anfang Februar reiste das Paar nach Mentone. Auch diese Reise verlief alles andere als glücklich. Der Dresdner Anzeiger berichtete Anfang 1903: „Die Prinzessin Luise und Herr Giron statteten gestern den Spielsälen einen zweiten Besuch ab. Sie gingen von Roulette zu Roulette. Herr Giron spielte und die Prinzessin trug ihm, damit er die Hände frei habe, den Hut. Während das Liebespaar bei seinem ersten Besuch wenig Glück gehabt hatte, gewann Herr Giron diesmal mehrere Züge en plein ... Nach einiger Zeit wurde das Liebespaar erkannt und von einer dichten Schar Neugieriger umringt. Die Prinzessin verlor völlig die

Luise, Kronprinzessin v. Sachsen.

Aus der Zeit um 1895 stammt das Foto für eine Postkarte
der in Sachsen geliebten und verehrten Prinzessin Luise.

Fassung, zumal ihr aus der Menge einige wenig schmeichelhafte
Bemerkungen ins Gesicht geschleudert wurden. Doch schritten
alsbald die Saaldiener ein und ließen das Paar durch die Nottür
ins Freie gelangen …"

Auch die Abreise aus Mentone erfolgte Hals über Kopf. Die
beiden ließen den größten Teil ihres Gepäcks im Hotel zurück.
Der Besitzer des Hôtel d'Angleterre wandte sich mehrmals an
Herrn Giron, mit der Frage, was er mit den „Effecten" beginnen

solle: zwei Koffer, in denen Männer- und Frauenkleider in bunter Unordnung durcheinander lagen, ein Buch von Heine, ein Roman von Anatole France, Dessous, ein Herrenüberzieher und ein seidener Damenmantel am Kleiderrechen, drei Paar Damenschuhe am Fuße des Bettes ... Auf Antwort wartete der Hoteldirektor vergeblich. Das alles interessierte Giron nicht mehr, er war längst nach Brüssel zurückgekehrt.

Schon am 20. Jänner 1903 hatte Luise über ihren Schweizer Anwalt die Scheidung eingereicht. Wie damals in hohen Adelskreisen üblich, hatte keine standesamtliche Trauung stattgefunden, sondern nur eine kirchliche. König Georg ließ daher ein Sondergericht zusammentreten, so wurde die Ehe am 11. Februar 1903 wegen Alleinverschuldens und Ehebruchs der Frau geschieden – ohne Anhörung seines Sohnes, des Kronprinzen Friedrich August. Der Papst lehnte es in einer offiziellen Note ab, die Ehe zu lösen. Also wurde die Ehe nur dem Bande nach getrennt. Damit verlor Luise sowohl den Namen Habsburg als auch den von Sachsen, sie erhielt den Titel einer Gräfin von Montignoso. Nach katholischem Recht war sie weiterhin die Frau des Kronprinzen von Sachsen.[11]

Tatsächlich aber war sie eine wegen Ehebruchs geschiedene Kronprinzessin. Das zog auch für die Eltern und den ganzen Toskanischen Hof in Salzburg eine Reihe von Problemen nach sich. So hatte man von Dresden der Geschiedenen die gesamte Aussteuer samt allem Küchengeschirr nach Salzburg zurückgeschickt, von wo alles in die Schweiz weitergeleitet wurde.

In der Schweiz machte Luise eine für sie völlig neue Erfahrung: Sie stand plötzlich ohne Geld da. Drei Anwälte bemühten sich darum, ihre finanzielle Lage abzusichern. Ihr „Nadelgeld", die in hohen Adelskreisen übliche Summe, die ein Ehemann seiner Ehefrau zur Bestreitung kleiner Ausgaben für Kleidung, Putz und Leibwäsche zuerstattet, wurde ihr verweigert. Und der Kaiser in Wien verbat sich, dass ihr Name in seiner Gegenwart genannt wurde.

Als ihr sowohl die Anwälte als auch ihr Bruder rieten, ein Sanatorium aufzusuchen, um zu körperlicher und geistiger Ruhe zu finden, willigte sie ein. Sie begab sich in die Klinik La Métairie bei Nyon am Genfer See. Zu ihrem grenzenlosen Entsetzen musste sie bald feststellen, dass sie in einer „Irrenanstalt" mit vergitterten Fenstern gelandet war – gerade das, was sie in Sachsen am meisten befürchtet hatte. Und bald gab es auch endlose Schwierigkeiten mit dem Pflegepersonal.

Die Eltern verzeihen

Drei Wochen hielt sie durch, dann schrieb sie einen verzweifelten Brief an ihren Vater. Sie schilderte ihm, wie unsagbar sie seit ihrer Flucht aus Dresden gelitten hatte und bat ihn, gütig und nachgiebig zu sein. Ihr Brief rührte ihn. Er setzte sich eilig mit dem König von Sachsen in Verbindung und erreichte die Zustimmung, dass Luise bis zu ihrer Niederkunft in Lindau bleiben durfte.

Schon am 1. März 1903 nahm sie dieses Angebot glücklich an. Als sie in Lindau eintraf, war Mutter Alix bereits da. Es war ein peinliches Zusammentreffen, aber schließlich vergab die Mutter ihrer Tochter. Die Presse berichtete aufgeregt über dieses Ereignis und Poeten schmiedeten Reime. Die „Wiener Bilder" druckten das Gedicht von Moriz Band:

„In Lindau, im Schlosse am Bodensee,
Da sinken sich zwei in die Arme,
Die Mutter und das verlorene Kind
In ihrem schmerzvollen Harme.

Sie schaut die Ärmste mit Wehmut an,
Ob ihres verlorenen Lebens,
Im Auge die Träne der Rührung blinkt,
Das Zeichen des stummen Vergebens.

Sie senken in stillem Schweigen hinab
Den Kummer vergangener Wochen,
Am Ufer des Sees nur die Welle rauscht
– Hat Keines ein Wort gesprochen.

Doch was die Mutter, die Tochter bewegt,
Das haben sie Beide empfunden ...
Sie hat den Weg zu der Mutter Herz,
Zu des Vaters Hause gefunden." [12]

Die Bedingung für die Aufnahme in Lindau war, dass sich Luise endgültig von André Giron lossage. Sie willigte rasch ein und erklärte, dass sie seine Annäherungsversuche nach seiner Abreise ohnehin nicht mehr beachtet, seine Besuche in der Métairie zu verhindern gewusst und seine Briefe ungeöffnet zurückgesandt hätte. Schließlich erklärte der Großherzog, die Ursachen der „Verfehlungen" seiner Tochter beruhten lediglich auf physischer und psychischer Erkrankung.

Die Geburt der jüngsten Kronprinzessin

Am 4. Mai 1903 brachte Luise in Lindau ihr Töchterchen Monica zur Welt. Mit ihr verbrachte sie später einige Monate auf der Insel Wight, nahm im Juni 1904 die Einladung des Herzogs von Parma an, sein Châlet in Wartegg am Bodensee zu bewohnen. Am 15. Oktober 1904 starb König Georg von Sachsen. Friedrich August bestieg den Thron. Jetzt lag es in seinem Ermessen, Luise wieder nach Dresden zurückzuholen. Er hielt sich jedoch treu an das Versprechen, das ihm sein Vater abgerungen hatte. Er gestattete Luise nicht, an den Hof zurückzukehren. Stattdessen verfügte er, dass Luise jährlich eine großzügige Summe für ihre Lebenshaltung erhielt. Das ermöglichte ihr, im Dezember 1904 nach Italien zu gehen.

Felix Salten, der berühmte Autor des Buches „Bambi", und vermutlich der Verfasser der „Josefine Mutzenbacher", der in Wien Erzherzog Leopold Ferdinand kennen gelernt und Einblick in die Vorgänge am Dresdner Hof gewonnen hatte, beschrieb die Situation wenige Monate, nachdem Friedrich August den Thron bestiegen hatte: „... Noch scheint ihm das Befohlenwerden geläufiger als das Befehlen, und betrachtet man ihn, dann stellt man sich leicht den einfachen Konflikt wieder her, dessen Ergebnis Genf, Lindau und Florenz heisst: wie eine revoltierende, respektlose, spottlustige, zu fröhlichem Übermut geneigte Frauennatur zu toben begann neben einem Gatten, den Familienehrfurcht, Folgsamkeit, stummes Ertragen und militärische Disziplin statt aufbrausender Impulse leiteten ... Denn wenn man gerecht ist, wird man sich erinnern, dass er sich in dieser ganzen unglückseligen Geschichte glänzend benommen hat ..." [13]

Ihr Bruder Leopold Wölfling kommentierte die Ereignisse später: „Es war ihr persönliches Unglück, mit diesem lebhaften und eigenartigen Charakter an einen der sprödesten, für ihr anmutig strahlendes Wesen verständnislosesten Höfe verheiratet worden zu sein. Ihre komplizierte Natur mußte dort Schiffbruch erleiden." [14]

Kampf ums Kind

Dank der großzügigen Apanage konnte Luise in San Domenico bei Fiesole eine stattliche Villa mieten und sich mit zahlreicher Dienerschaft umgeben. Im Dezember 1904 ging ihr Temperament wieder einmal mit ihr durch: In einer Nacht-und-Nebel-Aktion reiste sie nach Leipzig, fuhr von dort weiter nach Dresden und startete den Versuch, ins Taschenbergpalais einzudringen, um ihre Kinder sehen zu können. Vergeblich: Die Kriminalpolizei hatte von ihrer Absicht erfahren und den Palast umstellt. Luise wurde höflich, aber bestimmt zurückgewiesen. Die Nachricht von ihrer Anwesenheit hatte sich jedoch rasant verbreitet. Ein Volksauflauf näherte sich dem Hotel, um die vom katholischen Hof verleumdete Luise zu bejubeln – darunter zahlreiche Sozialdemokraten. Der Polizeipräsident persönlich raste zum Hotel und forderte Luise auf, sofort mit ihm zum Bahnhof zu kommen und Dresden zu verlassen. Ihre Antwort ist legendär: Er solle warten, bis sie ihr Déjeuner beendet habe ...

Den Weg zum Bahnhof säumten Menschenmassen, die ihr zujubelten. Das alles aber half nichts. Unverrichteter Dinge, ohne ihre Kinder gesehen zu haben, wurde sie in den Zug verfrachtet. Diese Aktion löste auch in Österreich Aufregung aus. Einem Salzburger Polizeibericht zufolge wurde für sie in Salzburg ein Aussteigeverbot erlassen – man befürchtete „unberechenbare" Zwischenfälle für den Fall, dass die Reisende erkannt worden wäre.

Sobald Luise wieder zu ihrer Tochter nach Florenz zurückgekehrt war, ließ der Dresdner Hof nichts unversucht, um Monica, die der König als sein Kind anerkannt hatte, aus der „fragwürdigen" Umgebung ihrer Mutter zu ihren Geschwistern an den Königshof zu bringen. Luise trennte sich nicht von dem Kind. Schließlich erlaubte sie jedoch, dass eine vom Dresdner Hof ausgesuchte katholische Kinderfrau in ihrem Haus aufgenommen wurde, Fräulein Alma Muth. Bald stellte sich jedoch heraus, dass die Hauptaufgabe dieser Frau darin bestand, die Vorgänge in der Villa haarklein nach Dresden zu berichten.

Das war aber noch lange nicht alles. Der König hatte einen Rechtsanwalt damit beauftragt, Monica aus der Villa abzuholen und nach Dresden zu bringen. Luise weigerte sich, das Kind herauszugeben. Der Anwalt gab nicht auf. Er kam eines Abends mit dem Konsul, ein anderes Mal mit Polizei. Luise verbarrikadierte sich in der Villa. Der Koch verteidigte das Haus sogar mit einem Revolver.

Mitten in der Nacht entdeckte Luise ihre Tochter Monica in ihrem Reisemäntelchen auf ihrem Bett sitzend und Fräulein Muth Koffer packend. Jetzt half nur eine List. Sie sandte ihren Kammerdiener mit der Nachricht zu dem Kindermädchen, jemand vom Konsulat wünsche sie zu sprechen. Prompt eilte Fräulein Muth ohne Hut und Mantel in den Garten. Der Kammerdiener aber warf das Tor zu und Fräulein Muth war ausgeschlossen. Und flugs warf das Personal ihre Kleider vom Fenster aus auf die Straße.

Nach diesen Ereignissen verbarrikadierte sich Luise zwei Wochen lang in der Villa, zur Sicherheit. Das war ein „Fressen" für die Karikaturisten. Sie tobten sich in sämtlichen deutschen Zeitungen aus. Wenige Wochen später kam aus Dresden das nächste Kindermädchen an, Frau Ida Kremer. Sie selbst beschrieb ihre

Mission damit, dass sie in die Löwengrube steigen sollte, um der Löwin ihr Jüngstes zu entführen. Luise in ihren Memoiren: „In ihrem häßlichen, buckligen Leib lebte eine ebenso häßliche, krumme Seele, und es ist wahr, wenn ich sage, daß sie eine vollendete Spionin war." [15]

Ida Kremer blieb sechs Wochen. Dann hatte sie Munition genug, um das Buch „Im Kampf um ein Königskind" herauszugeben. In diesem „Tagebuch" beschreibt sie die Gräfin von Montignoso als hysterische, haltlose und impulsive Person. Sie trage nach wie vor den Ehering, spreche vom König als ihrem Mann und habe Frau Kremer wiederholt zu verstehen gegeben, dass sie ihn zurückgewinnen könne, wenn sie nur die Möglichkeit hätte, ihn weit weg von seiner intriganten Umgebung allein zu sprechen. Sie rechne damit, an den Königshof zurückkehren zu können. Über die vier Jahre alte Prinzessin Monica schrieb Ida Kremer, sie sei ein unverbesserliches Kind, das gekitzelt werden müsse, damit es einschlief, und eine seltsame Leidenschaft für Benzingeruch entwickle. Zum Thema Giron wusste sie ihren Lesern zu berichte, dass sich die einst leidenschaftlichen Gefühle der Gräfin zu Gleichgültigkeit gewandelt hätten und schließlich zu äußerster Aversion. Sie habe in der Zeitung von seiner Verlobung gelesen, aber es hätte sie nicht interessiert. [16]

Das Oberlandesgericht Leipzig hatte Monica längst zur Herzogin von Sachsen erklärt und der Dresdener Königshof führte den Kampf um das Kind erbittert fort. Jetzt mit dem Argument, dass die Moral des Kindes in der Umgebung seiner Mutter gefährdet sei. Luise hatte am 25. September 1907 den Musiker Enrico Toselli geheiratet. Das war neuer Stoff für die Karikaturisten. Schon erschienen Zeichnungen, die Toselli an der Drehorgel zeigten, daneben Luise mit einem Tamburin und die kleine Monica, die bettelnd die Händchen ausstreckte.

Neue Liebe, Verlust des Kindes

Schließlich gab Luise nach. Sie stimmte der Übergabe des Kindes an den Dresdner Königshof zu. In der Hoffnung, dass sie als Prinzessin aufwachsen werde und ein glücklicheres Leben führen könne als sie selbst, wie sie in ihren Memoiren schrieb. Der eigentliche Grund dürfte aber darin gelegen sein, dass ihr Dresden im Gegenzug zusagte, ihre Apanage von 30 000 Reichsmark weiterhin zu überweisen. Das war ein Trostpflaster für die schmerzliche Tatsache, dass mit dem Verlust ihrer jüngsten Tochter auch das letzte Band zerschnitten war, das Luise mit ihrer Vergangenheit als sächsische Kronprinzessin verband.

Für Monica begann in Dresden ein völlig neues Leben. Als äußeres Zeichen für ihre neue Identität wurde sie nur noch Prinzessin Anna genannt. Der König erkannte sie als seine Tochter an. Sie selbst aber fühlte sich immer „anders" als ihre Geschwister. Sie heiratete 1924 Erzherzog Joseph Franz von Habsburg und lebte mit ihm auf seinen ungarischen Gütern. Am Grab Girons soll sie Tränen vergossen haben.

Enrico Toselli entstammte einer wohlhabenden Künstlerfamilie aus Nizza. Er erhielt schon als kleines Kind Klavierunterricht, debütierte im Alter von zehn Jahren in seiner Geburtsstadt Florenz und war von da an ein gefeiertes „Wunderkind". Mit 17 Jahren komponierte er im Jahr 1900 die Serenata op. 6/1, die als „Toselli-Serenade" Weltberühmtheit erlangte. Seine Tourneen führten ihn nach Paris, Turin, Kairo und Alexandria. Ihm stand eine glänzende Karriere bevor – bis er Luise von Toskana kennenlernte. In seinen Memoiren schrieb er später über Luise: „Zu einem Verhängnis wird sie jedem, der sich ihr nähert – aber sich selbst ist sie das böseste!"[17]

Dabei hatte alles höchst romantisch begonnen. Eine Bekannte der Familie Toselli sorgte im Dezember 1906 dafür, dass der junge, erfolgreiche Komponist der Prinzessin in Florenz vorgestellt wurde. Den ersten Abend mit der immerhin um 13 Jahre älteren Luise, die bereits sieben Kinder geboren hatte, behielt er in wunderbarster Erinnerung: „Noch sehe ich Louise von Toskana langsam dahinschreiten. Bei Gott! sie war verführerisch lieblich. Das unsagbar süße und reine Lächeln auf ihren Lippen entzückte mich sofort. An jenem Abend trug sie ein reichgesticktes, kostbares weißes Kleid – ein langer gelblicher Mantel umhüllte

Die Prinzessin und der um 13 Jahre jüngere Komponist Enrico Toselli: Aus der Romanze wurde sehr bald ein zermürbender Ehe-Alltag.

ihre graziöse Erscheinung, ein schleierzartes Gewebe umwallte ihr schönes Antlitz. In der Dämmerstille unter dem Abendhimmel unserer ewig schönen Stadt, in dem tiefen Schweigen, das uns umhüllte, erschien sie mir wie eine Lichtgestalt, die es verdiente, von dem Pinsel einer unserer ersten Meister festgehalten zu werden." [18]

Schon bei einer der nächsten Begegnungen, bei der sie gemeinsam musizierten, fand sich der junge, hübsche Enrico Toselli von einem „göttlichen Funken" getroffen. Und dieses Gefühl fand auch noch Bestätigung, als ihm Luise zuflüsterte: „Ich will Dir ein treuliebend Weib sein, die Gefährtin deines Lebens. Meine Liebe ist von stolzer Art, sie ist tief und unwandelbar, und mein Glaube an dich stark und unerschütterlich."[19]

Von nun an entwickelte sich die Romanze zwischen dem ungleichen Paar in rasantem Tempo. Schon wenige Wochen nach ihrer ersten Begegnung versicherte die Prinzessin ihrem Geliebten, sie betreibe die Annullierung ihrer Ehe mit dem König von Sachsen, sie sei jetzt seine Braut, schon im Mai könne sie sein Weib sein. Toselli schwebte im siebenten Himmel, allem Irdischen entrückt. Zum Nachdenken kam er nicht. Und Luise ließ ihm dazu auch keine Zeit. Sie wusste ihre Ziele zu erreichen. Toselli: „Zwei kleine Hände umschmeichelten mein Gesicht – ein weicher, duftender Atem strich über mich hin. Louisens Lippen näherten sich den meinen und ließen dort einen Ring zurück … Eine rasende Lust – ein Glühen – ein unbeschreibliches Wonnegefühl überflutete mich in diesem Augenblick – ‚Nun öffne die Augen, mein Lieb, und hüte ihn wohl, diesen Verlobungsring. Trage ihn stets. Es ist mein erstes Liebespfand, das dich meiner unsterblichen Liebe versichern soll. Du bist allerdings jünger als ich – aber meine Liebe wird so stark sein, daß der Altersunterschied unter der Kraft meiner Leidenschaft verschwinden wird' …"[20]

Ehe er sich versah, war Toselli der Prinzessinnen-Gemahl. Die Trauung fand in London statt, aus formellen Gründen. Die Monate bis dahin waren turbulent verlaufen. Der Künstler hatte kaum Zeit zum Arbeiten gefunden. Er sehnte sich nach einem eigenen Heim. Schließlich mietete Luise eine Wohnung in der Ferdinand Bartolomäus Straße in Florenz. Wie die verwöhnte Prinzessin, die mit Kritik an den geschmacklichen Verirrungen des Dresdner Hofes nie gespart hatte, ihr eigenes Heim einrichtete, beschreibt Toselli eindrucksvoll: „Nichts fehlte: wir hatten Kammerfrau, Kammerdiener, Köchin, Stütze, Chauffeur und Auto. Aber meine Eltern waren konsterniert. Das konnte doch unmöglich der bescheidene Haushalt sein, der sich für einen jungen Künstler und für seine Frau schickt, die sich doch beide der allgemeinen Achtung erfreuen wollten? Was kaufte Louise da zusammen! Und wer beriet sie bei den Einkäufen? Sie ließ sich unechte Antiquitäten aufhängen und schleppte die unmöglichsten Dinge heran. Unter anderen Absonderlichkeiten hatte sie acht verschiedene Zimmer erstanden, die alle von Lorenzo von Medici herrühren sollten. Fünf davon waren nach vierzehn Tagen nur noch ein Trümmerhaufen. Unglücklicherweise war auch noch alles in Rot gehalten. Wir hatten Louise Sachkenntnis wenigstens im Ankauf von Möbeln zugetraut und einen gepflegten Geschmack. Sie besaß aber beides nicht."[21]

Eheleben abseits des Hofes

Auch als Hausfrau erwies sich Luise in dem neuen Heim in Florenz als vollkommen ungeeignet. Zu einem Problem wurde das aber noch nicht. Im Mai 1908 kam ein Sohn zur Welt, Carlo Emmanuele Filiberto, „Bubi". Jetzt war das Familienglück perfekt.

Im Sommer 1908 stand das Paar im Zentrum des Interesses der Presse. Über den Aufenthalt in Viserba, einem kleinen Badeort nahe Rimini, berichtete die New York Times: „Sie haben ein kleines, weißes Haus mit sechs Zimmern, für das sie die bescheidene Summe von 100 Dollars zahlen. Hier leben die Ex-Königin und der Musiklehrer mit ihrem Kind und drei Bediensteten nur füreinander. Es ist kein ungewöhnlicher Anblick, Luise von Montignoso dabei zu beobachten, wie sie eigenhändig Wäsche zum Trocknen aufhängt, Näharbeiten verrichtet oder ihr Baby schaukelt, während das Kindermädchen schwimmen geht. Einfache Mahlzeiten, stets im Freien serviert von nur einem Dienstmädchen, sind an der Tagesordnung. Der Morgen wird mit Baden im Meer verbracht und das folgende Sonnenbad lässt beide bereits aussehen wie Zigeuner. Die Nachmittage sind der Musik, dem Lesen oder Spaziergängen gewidmet. Signora Toselli ist stets weiß gekleidet, sie trägt das Haar zu einem Knoten gebunden und an den Füßen hat sie – Sandalen! Ja, und in den Sandalen bilden ihre weißen Füße einen starken Kontrast zu den sonnengebräunten Händen und dem Gesicht. Diese Idylle hat nur einen Nachteil: die anderen Badegäste. Sie umringen das Paar im Wasser und liegen im Sand so eng bei ihnen wie eine Leibwache. Sie spionieren auch ständig um das Haus herum, so dass sich das Ehepaar Toselli schon gezwungen sah, die Polizei zu rufen. Aber Verwarnungen sind zwecklos: eine Königin ist dazu geschaffen, bestaunt zu werden, und der Strand ist für alle frei zugänglich!"[22]

Das Haus in Viserba war zwar auf drei Monate gemietet worden, nach wenigen Wochen erklärte Luise aber, sie wolle nach Venedig. Also wurden die Koffer gepackt und man reise ab. Von nun an geriet das Eheleben der Tosellis zu einer einzigen Hetzjagd. Luise war eigentlich immer unterwegs. Sie löste die Wohnung in Florenz auf, lebte abwechselnd in Hotels und in einer Villa bei Florenz, pendelte mit Dienerschaft, zahllosen Gepäckstücken und dem oft kränkelnden Kleinkind zwischen Montreux und Rapallo, Venedig, Florenz und Fiesole.

Enrico Toselli reiste ihr nach, er wurde einmal nach Mailand zitiert, dann wieder nach Venedig. Auf wütende Auseinandersetzungen folgten leidenschaftliche Versöhnungen. Die Jahre vergingen wie auf der Hochschaubahn. Ruhe und Muße waren Toselli nie vergönnt. Einmal arbeitete Luise zwar mit ihm zusammen, sie schrieb das Libretto für seine Komposition „Der Gralsritter", Erfolge wie in seinen jungen Jahren konnte er jedoch nicht mehr feiern. Wenn Konzerte ausverkauft waren, dann, weil das Publikum die frühere Kronprinzessin von Sachsen an der Seite des Künstlers zu sehen wünschte, und nicht, weil es von seiner künstlerischen Leistung begeistert war. In Mailand musste das Paar übrigens eine besonders arge Demütigung hinnehmen: Der Adel war einem Toselli-Konzert demonstrativ geschlossen fern geblieben.

Luises Unrast, ihre plötzlichen Stimmungswechsel, ihre Verschwendungssucht und ihre dezidierte Erklärung, nicht an einen häuslichen Herd zurückkehren zu wollen, führten 1911 zum endgültigen Bruch. Die Ehe wurde geschieden. „Bubi" kam in die Obhut seines Vaters, er wuchs bei seinen Großeltern auf. Enrico

Toselli starb 1926 im Alter von nur 43 Jahren in den Armen seines Sohnes und seiner zweiten Frau, Pia Santarini Pancerasi.

Mallorca und Brüssel

Luise nahm nach ihrer Scheidung mit Hilfe ihres Onkels Ludwig Salvator auf Mallorca einen neuen Namen an. Sie nannte sich Antoinette Maria Comtesse d'Ysette, zog nach Brüssel und mietete in dem Vorort Ixelles, Avenue des Klauwaerts 19, für 2500 Franc jährlich ein kleines Haus. Sie hatte zwei Bedienstete, eine Zofe und eine Köchin. Ihre Apanage bekam sie weiterhin aus Dresden. Und unter sächsischer Beobachtung stand sie auch weiterhin. So wurde dem Dresdner Hof minutiös über jeden ihrer Schritte berichtet. Im Sächsischen Staatsarchiv finden sich genaue Aufzeichnungen darüber, dass sie mehrmals versuchte, nach Florenz zu reisen, um ihren Sohn zu sehen. Und als König Friedrich August sich im Dezember 1914 in Brüssel aufhielt, wurden alle Hebel in Bewegung gesetzt, um ein Zusammentreffen zu verhindern.

Die einstigen Ehepartner sind einander nie wieder begegnet. Friedrich August verhielt sich seiner Ex-Frau gegenüber auch noch deutsch-korrekt, als er nach dem Ersten Weltkrieg im November 1918 als König abtrat. Er war auch ohne Krone ein reicher Mann, sein Vermögen wurde auf rund 25 Millionen Mark geschätzt. Im Gegenzug für den Verzicht auf alle Rechte an dem Staatsgut erhielt er überdies eine Abfindung von 300 000 Goldmark und seine jährliche Apanage wurde bis 1928 mit 30 000, danach mit 43 000 jährlich festgesetzt.

Davon trat er 6000 Mark an Luise ab. Und er sorgte sogar in seinem Testament dafür, dass sie diese Summe auch nach seinem Tod weiterhin bekommen sollte.

In Brüssel führte Luise ein bescheidenes Leben. Die in ihren jungen Jahren mit riesigem Gepäck und Dienerschaft so rastlos von Ort zu Ort ziehende, über lange Zeitstrecken nur aus dem Koffer lebende Ex-Kronprinzessin schien nun endlich zur Ruhe gekommen. Einen Lebenspartner scheint es auch in diesen Jahren gegeben zu haben, und zwar den um zwölf Jahre jüngeren Ingenieur Fernand Vanderstraeten. Da Luise im Laufe der Jahre jedoch offensichtlich gelernt hatte, Diskretion zu wahren, ist über diese Beziehung wenig bekannt. Tatsächlich blieb das Haus in Ixelles bei Brüssel die ständige Adresse für ihre letzten 35 Lebensjahre. Ihre Kinder hat sie höchstens ein- oder zweimal bei kurzen Begegnungen wieder gesehen.

In Zeitungsartikeln wurde immer wieder berichtet, die einst so schöne und im Blickpunkt der Öffentlichkeit stehende Prinzessin von Toskana habe als gebeugte, grauhaarige und stets schwarz gekleidete Frau in bitterer Armut gelebt. Sie sei gezwungen gewesen, sich mit Italienisch-Unterricht oder mit dem Verkauf von Spitzen von Tür zu Tür durchzuschlagen oder gar als Stubenfrau in einem Hotel und als Blumenfrau zu arbeiten. Den Tatsachen entspricht das nicht. Sie erhielt weiterhin ihre Apanage und auch Zuwendungen ihrer Familie.

Völlige Verarmung, einsamer Tod

Kritisch wurde ihre Situation erst mit Ausbruch des Zweiten Weltkrieges. Als die alliierten Streitkräfte vormarschierten und sich die deutschen Truppen aus Belgien zurückzogen, riss die Verbindung ab, der Geldfluss versiegte. Die nun über 70-Jährige geriet tatsächlich in Not. Ab 1944 erhielt sie keine Rente mehr, die Zuwendungen der Familie erreichten sie oft nicht und so lebte sie in ihrem Haus in Ixelles in bitterster Armut. Sie hatte kaum genug zu essen und konnte das Haus in den überdies besonders kalten Wintern nicht heizen. So beschränkte sie ihren Lebensraum auf ein winziges Zimmerchen mit einem kleinen Holzkohle-Öfchen. Vor dem Verhungern bewahrten sie lediglich Pakete, die ihr eine Freundin aus Amerika zukommen ließ. Die einstige Kronprinzessin, die an kostbare Roben, Pelze und Juwelen von unschätzbarem Wert gewöhnt war, vergoss Freudentränen über ein ärmelloses Wolljäckchen aus Amerika, mit dem sie sich zumindest die Schultern wärmen konnte.

Im März 1947 starb Luise von Toscana in ihrem Haus in

Ihre letzten Lebensjahre verbrachte Luise in Brüssel in bitterer Armut. Oft hatte sie nicht einmal genug Geld für Essen und Heizen.

Ixelles. Gemeldet wurde ihr Ableben von Albert Paye, einem 32-jährigen Straßenbahnschaffner aus Brüssel, der in dem Haus so etwas wie die Stellung eines „Concierge" innehatte. Mangels finanzieller Möglichkeiten wurde sie auf dem Friedhof von Ixelles in einem „Wartegrab" beerdigt. Als die fürstliche Familie in Sigmaringen Jahre später erfuhr, dass Teile des Friedhofs aufgelöst werden sollten, wurde ihr Sarg aus der Grabkammer, in der sich mehrere mit Kreide gekennzeichnete Holzsärge befanden, nach Sigmaringen in die Gruft der Fürstenfamilie überführt. Da sein Inhalt jedoch den Weg alles Irdischen gegangen war und bald regelrecht zum Himmel stank, entschloss man sich zur Einäscherung. Die Urne wurde schließlich in die Familiengruft nach Sigmaringen gebracht. Dort fand Luise, Erzherzogin von Österreich-Toskana, Kronprinzessin von Sachsen, Gräfin Montignoso und Comtesse d'Ysette ihre ewige Ruhe in würdigem Rahmen.[23]

Der jüngste Bruder des Kaisers

Erzherzog Ludwig Viktor, „Luziwuzi"
Der jüngste Sohn von Erzherzog Franz Karl
und Prinzessin Sophie von Bayern,
* 15.5.1842 in Wien, † 18.1.1919 in Klessheim
bei Salzburg

Mit diesem Kind hatte niemand mehr gerechnet. Umso gebüh-
render wurde seine Ankunft in der Wiener Hofburg gefeiert.
Einen Tag nach seiner Geburt, am Montag, dem 16. Mai, mittags um 13 Uhr, fuhr der päpstliche Nuntius Fürst Altieri höchstpersönlich mit drei „sechsspännigen Zügen" vor. In voller Gala
und umgeben von seiner zahlreichen Dienerschaft begab er sich
in die k.k. Hofburgkapelle, in der bereits zahlreiche Mitglieder
der kaiserlichen Familie versammelt waren. Auf einem reichen
Kissen, dessen Hülle von zwei k.k. Kämmerern getragen wurde,
brachte die Palastdame Gräfin Dietrichstein den neugeborenen
Erzherzog und übergab den „durchlauchtigsten Täufling" dem
Obersthofmeister seiner kaiserlichen Hoheit. Unter Assistenz
von Bischöfen und Prälaten taufte ihn der Fürsterzbischof von
Wien auf die Namen Ludwig, Joseph, Anton, Viktor.
Nach der feierlichen Taufe versammelten sich die k.k. Majes-
täten in der geheimen Rathstube, um Cercle zu halten. Während
Seine Kaiserliche Hoheit, Erzherzog Franz Karl, die Glückwünsche des diplomatischen Corps und des k.k. Hofstaates empfing, war die frisch gebackene Mutter natürlich nicht anwesend.
Die Wiener Zeitung teilte ihren Lesern jedoch freudig mit: „Ihre
kaiserliche Hoheit die Frau Erzherzogin Sophie haben, laut des
ärztlichen Bulletins von gestern, eine ziemlich gute Nacht gehabt, und befinden sich sammt dem neugeborenen Erzherzoge
den Umständen vollkommen angemessen."[1]

Was die Wiener Zeitung aus Gründen der Diskretion nicht schreiben konnte, war, dass die Erzherzogin überglücklich war. Sie hatte zum Zeitpunkt der Geburt das für damalige Verhältnisse hohe Alter von 37 Jahren erreicht, ihr Mann, Erzherzog Franz Karl, war bereits über 40. Umso größer war die Freude über das gesunde Kind. Und umso mehr wurde der kleine Nachzügler in den folgenden Jahren verzärtelt und verwöhnt.

Ungleiche Partner

Erzherzogin Sophie war die Tochter des ersten Königs von Bayern, Maximilians I. Als die Wittelsbacherin 18 Jahre alt war, tauchte ein ernsthafter Heiratskandidat auf: Erzherzog Franz Karl, der zweite Sohn des regierenden Kaisers Franz I. (II.) Noch dachte die hübsche Prinzessin aber nicht ans Heiraten. Sie fühlte sich am bayerischen Hof sehr wohl, hing mit inniger Liebe an ihrer Mutter und an ihrer eineiigen Zwillingsschwester Marie, der späteren Königin von Sachsen, und konnte sich eine Trennung nur schwer vorstellen. Und als der Erzherzog am bayerischen Hof seine Aufwartung machte, bestärkte sie dies nur noch in ihrer Haltung. Er hinterließ alles andere als einen guten Eindruck. „Der Kutsche entstieg ein freundlich grinsendes, linkisches Männchen, das einen viel zu großen und nach oben in der Länge gezogenen Turmschädel auf den Schultern trug und einen zu kurz geratenen Körper hatte. Mit wasserblauen kleinen Schweinsäuglein blickte er freundlich aber nichtssagend, wenn nicht gar blöde, in die Gegend. Eine viel zu große und wulstige Unterlippe, das Markenzeichen der Familie Habsburg, verunstaltet mehr das Gesicht, als daß sie es verschönern konnte. – Nach wenigen Einleitungssätzen bemerkte die Gesellschaft seine bescheidenen Geistesgaben."[2]

Erzherzog Franz Karl schaffte es bei seinem ersten Besuch, die Bayern nicht nur durch sein Äußeres, sondern auch durch seine Konversation zu schockieren. Er redete von nichts anderem als von der Jagd, errötete bei jeder Gelegenheit und benahm sich richtig tollpatschig. Nur zu gut verständlich, dass Sophie in-

Die kaiserliche Familie: Franz Joseph mit „Sisi" und den gemeinsamen Kindern, seinen Eltern, Brüdern und einer Schwägerin

ständig hoffte, ihre Familie würde die Heiratspläne fallen lassen. Davon aber konnte nicht die Rede sein. Ganz im Gegenteil. Wenigstens physisch dürfte der Erzherzog gesund sein, mutmaßte die Familie, so bestehe Hoffnung, dass Sophie dem alten Kaiser in Wien einen kleinen Kronprinzen gebären könne. Und damit wäre das wichtigste Ziel erreicht.

Franz Karl war sich im Unterschied zu Sophie seiner Sache von vornherein sicher. Er verliebte sich auf Anhieb in die reizende, kluge Sophie. In den folgenden Wochen ließ er nichts unversucht, um ihr Herz zu gewinnen. Ganz gegen seine Gewohnheiten entwickelte er geradezu fieberhafte Aktivitäten, reiste immer wieder von Wien nach München, um Sophie nah sein zu können, und hielt schließlich offiziell um ihre Hand an.

Sophies Mutter, Prinzessin Karoline von Baden, sah diese Entwicklung mit großem Wohlwollen. Der Erzherzog war eine der besten Partien Europas. Zu diesem Zeitpunkt war der regierende Kaiser bereits alt. Sein ältester Sohn Ferdinand, ein Epileptiker, war geistesschwach und erbenlos, Franz Karl stand an zweiter Stelle der Thronfolge. Er konnte der übernächste Kaiser sein – und Sophie seine Kaiserin. Reizvolle Seiten konnte sie ihrem zukünftigen Schwiegersohn dennoch nicht abgewinnen: „Was soll ich … von unserem kleinen Erzherzog sagen? – Ich danke dem Himmel, daß Sophie bei allen ihr von der Natur verliehenen Vorzügen so vernünftig ist. Er ist der bon garçon, bestrebt, Gutes zu tun. Er fragt jedermann um Rat, mais il est terrible … mich würde er zu Tode langweilen. Manchmal halte ich es nicht mehr aus. Dabei ist er gebildet, sagt man, und er beginnt, sehr verliebt zu werden. Das sollte mich freuen, aber ab und zu möchte ich ihn schlagen. Sophie ist so hübsch und geistreich …"[3]

Sophie fügte sich in ihr Schicksal. Sie nahm den Heiratsantrag an. Ihre Familie begleitete sie im Spätherbst 1824 nach Wien, wo für den 4. November die Trauung geplant war. Bei der Abreise von München fühlte sich Sophie noch, als müsste sie ihren letzten Weg antreten. Dann aber geschah etwas, das niemand erwartet hatte: Sophie wurde am Wiener Hof überaus herzlich empfangen und der Erzherzog bemühte sich intensiv um seine junge, schöne Frau. Abgesehen davon, dass er seiner frisch angetrauten Gemahlin dank der Großzügigkeit von Kaiser Franz nach der Hochzeitsnacht eine Morgengabe von 30 000 Gulden überreichen konnte, überhäufte er sie auch in den folgenden Monaten mit kleinen und großen Geschenken. Er dachte sich liebevolle Überraschungen aus, kaufte für sie heimlich hübsche Kleider, Mäntel, Schmuck- oder Ziergegenstände – und eroberte ihr Herz.

Sophie begann, ihren Ehemann zu respektieren und zu schätzen. Ganz in dem Bewusstsein, dass sie dank ihres scharfen Verstandes und ihrer praktischen Veranlagung der stärkere Teil in dieser Partnerschaft und ihr Mann von ihr abhängig war, umsorgte sie den unbekümmert in den Tag hinein lebenden Erzherzog geradezu rührend. Ihre Romanze mit dem um sechs Jahre jüngeren Herzog von Reichstadt, dem Sohn Napoleons, berührte die eheliche Beziehung nicht. Und der Erzherzog sah

Der Kaiser und seine Brüder. Von links nach rechts:
Ferdinand Maximilian, Franz Joseph, Karl Ludwig und Ludwig Viktor

gnädig darüber hinweg, dass seine Frau den schwer Kranken bis
zu seinem Tod 1832 liebevoll pflegte.

Die „Salzprinzen"

Was das Eheglück des jungen Paares eher trübte, war die Tatsache, dass sich kein Kindersegen einstellen wollte. Sophie erlitt in
den ersten sechs Ehejahren fünf Fehlgeburten. Schließlich emp-
fahl der kaiserliche Leibarzt Solebäder in Ischl. Und diese halfen.
Nachdem sie sich 1828 und 1829 verschiedenen Behandlungen
in Ischl unterzogen hatte, brachte sie drei gesunde, vom Volks-
mund bald „Salzprinzen" genannte Söhne zur Welt: 1830 wurde
ihr ältester Sohn geboren, Franz Joseph, der spätere Kaiser, 1832
folgten Ferdinand Maximilian, der spätere Kaiser von Mexiko,
und 1833 Karl Ludwig.

Als sich wenige Monate nach der Geburt ihres dritten Sohnes
abermals Nachwuchs ankündigte, bewies Sophie Humor. Sie
schrieb an ihre Mutter: „Ich bin also zum neunten Mal am Beginn einer Schwangerschaft. Nun in einem Zeitraum von 10 Jahren habe ich wenigstens keine Zeit verloren!"[4]

Als das Kind geboren wurde, war die Freude besonders groß:

endlich das lang ersehnte Mädchen! Maria Anna Karolina entpuppte sich jedoch bald als ein zartes, kränkliches Kind, das besonders viel Zuneigung und Pflege benötigte. Entsprechend groß waren das Entsetzen und die Trauer, als es im Alter von nur viereinhalb Jahren starb. Zum Zeitpunkt ihres Todes war Sophie wieder schwanger. Dieses Kind, ein Sohn, kam jedoch wenige Monate später tot zur Welt. Dass Sophie nach all dem Kummer und den Strapazen noch ein gesundes Kind zur Welt bringen würde, wagte niemand zu hoffen. Und doch, am Ende ihrer elften Schwangerschaft gab im Mai 1842 Ludwig Viktor seinen ersten Schrei von sich. Kräftig und unüberhörbar.

Ludwig Viktor – das Nesthäkchen der Familie

Der kleine Nachzügler war jedoch alles andere als kräftig. Auch er war ein anfälliges, ständig kränkelndes Kind, das fatal an sein so früh verstorbenes Schwesterchen erinnerte. Umso intensiver bemühte sich seine regelrecht in ihn „vernarrte" Mutter um ihn. Sophie war so etwas wie eine hundertprozentige Mutter. Statt ihre Kinder Gouvernanten oder, wenn sie krank waren, Pflegerinnen zu überlassen, kümmerte sie sich höchstpersönlich um sie. Sie wich nicht von ihren Krankenbetten, und wenn sie ansteckende Krankheiten wie Masern oder Scharlach hatten, begab sie sich mit ihnen sogar wochenlang in Quarantäne. Als dies einmal ausgerechnet zu Weihnachten notwendig wurde, verlegte sie sogar das Weihnachtsfest in den Januar. Den kleinen Ludwig Viktor hatte sie besonders oft zu betreuen.

Auch seine drei älteren Brüder schlossen „Luziwuzi" sofort ins Herz. Sie waren überglücklich, den kleinen Bengel, den sie herzlich auch „Hetzi" oder „Bubi" nannten, verwöhnen zu dürfen. Sie kauften ihm von ihrem aus erzieherischen Gründen höchst sparsam bemessenen Taschengeld, das eigentlich für kleine Anschaffungen wie Handschuhe gedacht war, Geschenke und überhäuften ihn mit Spielsachen.

Franz Joseph, der von seiner Mutter dazu angehalten wurde, ab seinem 13. Lebensjahr Tagebuch zu führen, erwähnte seinen

Ludwig Viktor um das Jahr 1856. Der Heranwachsende versuchte den Mangel an körperlicher Schönheit durch geziertes Benehmen zu überspielen.

um zwölf Jahre jüngeren Bruder immer wieder liebevoll. Einmal bedauerte er, Hetzi in Ischl nur ganz kurz von der Esplanade aus am Fenster gesehen zu haben, und bemerkte, dass der Kleine traurig heruntergeschaut habe. Als er zu Ostern 1844 an Scharlach erkrankte und vier Wochen isoliert werden musste, notierte er, er sehne sich besonders nach dem „lieben Hetzi". Auch in dem an seine Brüder gerichteten ulkigen Schreiben vergaß der Vierzehnjährige nicht, seinen kleinen Bruder zu erwähnen: „Impertinente Kreaturen! Wie habt Ihr Euch unterstehen können, nicht Nachfrage zu führen, wie sich meine Hoheit befindet. Ich lasse mich herab, Euch Impertinenten zu sagen, daß ich ganz bläulichrot bin, mich ganz gut befinde und Euch in Gnaden gewogen bleibe. Dem Prinzen Hetzius melde ich mit hoher Gewogenheit meinen Respekt und schicke ihm ein Bußl. Der mit Eurer Impertinenz Unzufriedene – Erzherzog Franz Joseph. Mit Herablassung gegeben auf Unserem Bett den 15ten des Ostermonates n. Chr. G. anno 1844."[5]

Im Oktober 1844 beschäftigte sich Franz Joseph bei seinen Tagebucheintragungen an mehreren aufeinander folgenden Tagen ausschließlich mit dem Gesundheitszustand seines kleinen Bruders: „17. Sonntag. Mußte der arme kleine Ludwig im Bett bleiben, da er in der Nacht und beym Tage viel und bellend hustete und man die Bräune fürchtet … 18. Geht es dem kleinen Ludwig schon beßer; deßenungeachtet muß er liegen bleiben … 19. Ging es dem kleinen Ludwig beßer … 20. Der kleine Ludwig hatte eine schlechte Nacht und (er)brach in Folge der Menge von Medizinen, die ihm Dr. Zangerl einstopfte, mehrmal …"[6]

Bei all der mütterlichen Sorge um ihre Kinder verabsäumte es Erzherzogin Sophie nicht, politisch die Fäden zu ziehen. Das war auch dringend notwendig. Am Kaiserthron saß mit dem Epileptiker Ferdinand I. eine geistesschwache Persönlichkeit, völlig ungeeignet, Regierungsgeschäfte zu führen, Entscheidungen zu treffen, und nicht einmal im Stand, den Repräsentationsaufgaben nachzukommen. Das Machtvakuum nützte Staatskanzler Metternich, um seine reaktionären Ideen durchzusetzen und das Volk mit seinen drakonischen Maßnahmen zu unterdrücken. In dieser Zeit wurde Sophie immer mehr zum politischen Faktor. Sie stand bald im Ruf, „der einzige Mann" am Wiener Hof zu sein. Sie half schließlich kräftig mit, dass Metternich gestürzt wurde, dem sie vorwarf „daß er eine unmögliche Sache wollte: Die Monarchie ohne Kaiser führen und mit einem Trottel als Repräsentanten der Krone."[7]

Als die kaiserliche Familie 1848 bei Ausbruch der Revolution zuerst nach Innsbruck und später nach Olmütz flüchten musste, um den Turbulenzen in der Hauptstadt zu entgehen, war Ludwig Viktor gerade sechs Jahre alt. Er konnte die Tragweite der Ereignisse noch nicht begreifen, für ihn bedeuteten die Flucht und die ganze Aufregung lediglich ein großes Abenteuer. Ein großes Herz zeigte er aber schon in diesem zarten Alter: Beim Anblick eines an Händen und Füßen gefesselten Gefangenen, der zum Tode verurteilt war, bat er inständig um dessen Begnadigung.

Franz Joseph wird Kaiser

Indirekt kam das Revolutionsjahr 1848 Sophie zu Hilfe. Kaiser Ferdinand musste abdanken. Jetzt gelang es der Erzherzogin, den Hof davon zu überzeugen, dass der geeignete Nachfolger für Kaiser Ferdinand nicht ihr Mann, Erzherzog Franz Karl, war, sondern ihr Sohn Franz Joseph. Damit verzichtete sie zwar darauf, an der Seite eines geistig wenig aktiven Mannes als Kaiserin regieren zu können, ihr Ehrgeiz war aber dennoch befriedigt. Und ihre Ziele konnte sie auch so durchsetzen. Sie wurde zur „heimlichen Kaiserin", die den jungen und unerfahrenen Kaiser nach ihren Vorstellungen zu lenken wusste. Dass Franz Joseph mit unerbittlicher Härte gegen die Revolutionäre des Jahres 1848 vorging, dass die versprochene Verfassung aufgehoben wurde und die Kirche stark an Einfluss gewann, schrieb das Volk in erster Linie Sophie zu. Und diese verlor mehr und mehr an Sympathien.

Den kleinen Ludwig Viktor erfüllte der Aufstieg Franz Josephs zum Kaiser mit größter Freude. Er beobachtete mit kindlichem Stolz, dass sein großer Bruder nun ein wichtiger und bedeutender Mann war und suchte seine Nähe. Sein größtes Glück war es, mit ihm allein ins Theater zu gehen und neben ihm sitzen zu dürfen. So konnte alle Welt sehen, wie nah er ihm war. Der junge Kaiser gewährte seinem kleinen Bruder diese sehnlichen Bitten immer wieder.

Mit seinem sechsten Lebensjahr begann für Ludwig Viktor der Ernst des Lebens, der keinem Erzherzog des Hauses Habsburg erspart blieb: Er bekam Unterricht, und das in geballter Ladung. Bis zu zehn Stunden wurde pro Tag gepaukt. Und auch die Pausen zwischen den Lektionen hatten in Gesellschaft der Lehrer und Erzieher verbracht zu werden. Im Vergleich zu seinen älteren Brüdern, die sich vor den Lehrern in Achtung und Respekt duckten, machte ihnen Ludwig Viktor das Leben oft schwer. Sie beschwerten sich auch nicht selten darüber, dass der kleine Erzherzog ein freches, verlogenes und widriges Kind sei, an dem jede Erziehung spurlos vorübergehe. Ludwig Viktor konnte aber auch Charme und Witz entwickeln. Er verstand es, zwar etwas altklug, aber interessant zu plaudern, und ließ bald erkennen, dass ihn die schönen Dinge des Lebens interessierten: Musik, Tanz und Kunst.

Ludwig Viktor und die Frauen

Zum Jüngling herangewachsen, gab sich Ludwig Viktor oft überfreundlich und manierlich. Sein Äußeres allerdings ließ zu wünschen übrig. Eine Hofdame der Kronprinzessin Stephanie brachte es auf den Punkt: „Ludwig Viktor, der jüngste Bruder des Kaisers, war von der Natur stiefmütterlich behandelt. Eine schwächliche Erscheinung, eher häßlich, suchte er durch ein geziertes, hochmütiges Gebaren sich selbst über seine Mängel hinwegzutäuschen … Der Erzherzog bewegte sich mit der übertriebenen und preziösen Anmut eines Prinzen des 18. Jahrhunderts … "[8]

Ludwig Viktor wusste sich bei den älteren Damen des Hofes einzuschmeicheln. Er sandte betagten Fürstinnen und Gräfinnen Blumen und zarte Aufmerksamkeiten, gratulierte höflich zu ihren Namens- und Geburtstagen, plauderte charmant mit ihnen – und erreichte damit, dass sie ihn geradezu anbeteten. Junge, hübsche Damen hingegen taten gut daran, dem bald für seine Scharfzüngigkeit berüchtigten Ludwig Viktor aus dem Weg zu gehen. Die Gefahr, dass er sich in ätzenden Bemerkungen über

Luziwuzi verstand es gut, mit Hunden umzugehen. Ältere Damen erlagen seinem Charme. Junge Damen hingegen gingen ihm besser aus dem Weg.

sie äußerte oder, noch schlimmer, sie in Intrigen verwickelte, bestand nämlich ständig.

Eine Ausnahme bildete – vorerst – Elisabeth von Bayern, „Sisi". Sie hatte 1854 Franz Joseph geheiratet und lebte als Kaiserin von Österreich in der Hofburg. Wohl aber fühlte sie sich in Wien von Anfang an nie. Die frei und ungezwungen in Bayern aufgewachsene „Sisi" hasste das steife Zeremoniell und die zahlreichen Verpflichtungen und mit der kaiserlichen Familie wurde sie auch nicht warm. Ludwig Viktor aber mochte sie auf Anhieb.

Er war ihr erklärter Lieblingsschwager. Ihm fühlte sie sich verbunden, er wurde so etwas wie ihr Vertrauter. Nicht zuletzt, weil sie mit ihm Vorlieben wie das Sammeln von Fotografien und die Bewunderung für schöne Kleider teilte. Er entwickelte sich zu ihrer „besten Freundin", mit ihm konnte sie nach Herzenslust klatschen, tratschen und die übrigen Familienmitglieder durch den Kakao ziehen.

Ludwig Viktor erwies sich als großer Bewunderer der Schönheit seiner Schwägerin. Als er „Sisi" 1864 zur Hochzeit ihres Bruders Carl Theodor nach Dresden begleitete, berichtete er hingerissen, sie sei „blendend schön, auch waren die Leute wie verrückt hier. Ich habe noch nie so einen Effekt machen sehen." Während der feierlichen Trauung trug sie ein lila Kleid, das mit silbernen Kleeblättern bestickt war, und dazu eine Diamantkrone in ihrem dichten, langen, kunstvoll geflochtenen Haar. Damit war eindeutig sie die Attraktion der ganzen Hochzeit und nicht die Braut. Das imponierte auch Ludwig Viktor: „Die Leute hier sind so paff über unsere Souverainin!!! Haben recht!"⁹

„Sisi" hätte es gerne gesehen, wenn Ludwig Viktor ihre jüngste Schwester, die von ihr über alles geliebte hübsche Sophie, geheiratet hätte. Tatsächlich reiste Ludwig Viktor im März 1866 nach Possenhofen – und schon die erste Begegnung geriet zum Desaster. Cousin und Cousine waren sich auf Anhieb zutiefst unsympathisch. Sophie lehnte entschieden ab. Ihre Mutter, Herzogin Ludovika, war entsetzt. Sie konnte nicht fassen, dass ihre Tochter eine so glänzende Partie ausschlug. Ihrer Schwester, Erzherzogin Sophie, schrieb sie nach Wien, die Entscheidung ihrer Tochter hätte sie viele Tränen gekostet, ein solcher Schwiegersohn wäre ein Glück für sie gewesen. Sie sehe aber einen einzigen Trost darin, dass es Gott mit ihrer viel geprüften Schwester gut meine, wenn nicht auch noch die kapriziöse Sophie in die Wiener Hofburg einziehe. Und auch „Sisi" selbst konnte es nicht glauben. Ihr Schwager sei ein so guter Mensch, versicherte sie ihrer Schwester. Und klammerte sich an den Gedanken, es könne vielleicht später noch etwas daraus werden.

Bruch mit der Kaiserin

Darauf aber hoffte sie vergebens. Auch Ludwig Viktor lehnte eine Heirat mit Sophie vehement ab. Das verletzte „Sisi" zutiefst. Von nun an kühlte sich ihr Verhältnis zu ihrem einstigen Vertrauten und Seelenverwandten schlagartig ab. Bereits den Affront, dass sich Ludwig Viktor anlässlich der Einführung neuer Hofdamen der Ungarin Marie Festetics nicht vorstellen ließ, kommentierte Elisabeth ätzend, sie wundere sich darüber, dass der Erzherzog nicht sofort begonnen habe, sie zu erziehen, wo er doch jeden Menschen erziehen wolle, nur sich selbst nicht.

Elisabeth sah in ihrem Schwager bald nur noch den verlogenen Intriganten. „Erzherzog Ludwig hat mir, um mich zu ärgern, getreu alles wiedererzählt, was die Leute über mich lügen", vertraute sie Marie Festetics an. „Natürlich hasst er mich und will mich damit treffen. Jetzt sehe ich ihn nie mehr allein und empfange ihn nicht. Er hat so viel getratscht und gelogen, daß er mir wirklich mein Leben verdorben hat. Über jeden schimpft er und auch über mich. Er sagt hässliche Sachen und erzählt dann, ich hätte sie gesagt. Jetzt sehe ich ihn nicht mehr und lebe in Ruhe." [10]

Dabei ließ sie es für den Rest ihres Lebens bewenden. Von nun an hasste sie ihren Schwager „Luziwuzi" und wandte sich ihrem Schwager Ferdinand Maximilian zu, dem sie sich auf Grund seiner schwärmerischen Veranlagung seelenverwandt fühlte. Und sie blieb unerbittlich. Zu einer Versöhnung kam es nie.

Ludwig Viktor bleibt unverheiratet

Einen Versuch, Ludwig Viktor unter die Haube zu bringen, startete auch sein Bruder Ferdinand Maximilian. Als er nach Mexiko ging, um dort den Kaiserthron zu besteigen, schlug er seinem jüngeren Bruder vor, die Tochter Kaiser Pedros, die Erbin des brasilianischen Kaiserreiches, zu heiraten. Kaiser Franz Joseph hielt diesen Plan für eine „Schnapsidee". Der stets etwas realitätsferne Romantiker Ferdinand Maximilian aber träumte von einer Vereinigung der Reiche Mexiko und Brasilien, von einem gigantischen Habsburgerreich in Südamerika. Unter vorgehaltener Hand wurde verbreitet, dass Kaiser Pedros Tochter seiner Frau ähnlich sehe, und die sei abgrundtief hässlich. Ludwig Viktor lehnte entschieden ab. Nur ein strikter Befehl des Kaisers könne ihn umstimmen, ließ er wissen. Aber auch dann fühle er sich als „Märtyrer".

Dass der Grund dafür nicht allein in der mangelnden Attraktivität der brasilianischen Prinzessin zu suchen war und dass Ludwig Viktor „andere Interessen" hatte, war längst ein offenes Geheimnis. Er selbst bestritt seine homosexuellen Neigungen in Briefen an seine Mutter zwar heftig, verborgen aber blieben sie nicht. In den dunklen Zeiten des 19. Jahrhunderts waren „unnatürliche Neigungen" aber noch tabu. Und sie waren gesetzlich verboten. Auf die damals oft „Päderastie" genannte Homosexualität standen Gefängnisstrafen.

Ludwig Viktor musste sich wie alle Erzherzöge in die eisernen Regeln des Hauses Habsburg fügen. Er hatte die traditionelle Militärlaufbahn zu absolvieren, wurde General der Infanterie und ihm wurde die Leitung eines Regiments übertragen, das seinen Namen trug. Militärische Dinge aber übten auf ihn keinerlei Faszination aus. „Er hatte eine Abneigung gegen alles Militärische", schrieb ein Autor namens Max Reversi, dem das Thema Homosexualität offenbar am Herzen lag, in seiner dem Freidenker-Verein in Salzburg gewidmeten, 1920 in Salzburg erschienenen „philosophischen Studie" über den Erzherzog, „doch hegte er sein Leben lang eine ganz offen zur Schau getragene besondere Vorliebe für hübsche junge Offiziere – wenn möglich für solche mit guten Manieren." In diesem Sinne habe er gerne kleine Reisen und Besuche auf Adelsschlösser unternommen, von denen ihm zugetragen worden war, dass dort etwas für ihn „los sei". [11]

Ludwig Viktor war ein Freund und Förderer der schönen Künste. Wie seine Eltern zeigte er großes Interesse an kulturellen Ereignissen. Er ging leidenschaftlich gerne ins Theater, liebte die Oper und das Ballett, sammelte Kunstgegenstände und begeisterte sich für Gemälde. Im Unterschied zu seinen Brüdern – von Kaiser Franz Joseph wird ja immer wieder behauptet, er habe

Elegante Roben faszinierten Ludwig Viktor. Diese Leidenschaft
verband ihn anfangs mit seiner schönen Schwägerin „Sisi".

sein ganzes Leben lang nur ein einziges Buch gelesen – war er
außerordentlich belesen. Seine Meinung in Kunstfragen galt in
Wien als maßgebend. Also war er ganz in seinem Element, als er
1863, erst 21-jährig, den Entschluss fasste, sich ein eigenes Palais
zu bauen. Und zwar an der Ringstraße. An dem gerade im Bau
befindlichen neuen Prachtboulevard.

Die Ringstraße entsteht

Kaiser Franz Joseph hatte 1857 die jahrzehntelange Diskussion
um die Verwertung der überalteten Stadtbefestigung beendet.
Mit den Worten „Es ist Mein Wille" hatte er den offiziellen Start-
schuss zur Demolierung der Fortifikationen und zur Verschöne-

rung seiner Reichshauptstadt gegeben. Damit war die Ära der Großstadterweiterung eingeleitet. Wien sollte sich vom Biedermeier-Idyll zur Weltstadt entwickeln. Zu einer Metropole, deren Architektur ihre Dominanz über alle Städte der Monarchie demonstrierte. Das war eine Herausforderung. Bis Mitte 1858 reichten 85 Architekten ihre Entwürfe ein. Eine Jury arbeitete ein Jahr lang, bis der „endgültige Entwurf" gefunden war.

Aus den Einreichungen der Architekten Ludwig Förster, Eduard van der Nüll und August Sicard von Sicardsburg, deren einzelne Pläne nicht voll entsprochen hatten, wurde ein modifizierter Gesamtplan erstellt. Wenig später erlebte Wien mit dem Historismus eine Kunstblüte, die jener des Barock vergleichbar war. Die Ringstraße wurde zum Ort der fulminanten Selbstdarstellung einer ganzen Epoche. Sie gedieh rasch zu einem europaweit einzigartigen Gesamtkunstwerk. Und sie veränderte mit ihren 150 öffentlichen Bauwerken, ihren Parks und ihren 650 noblen Zinshäusern für die zu Reichtum gekommene Industrie- und Börsengesellschaft das Gesicht der Stadt ein für allemal. Erzherzog Ludwig Viktor war das erste Mitglied des Kaiserhauses, das an der im Entstehen begriffenen Ringstraße einen Wohnsitz hatte, und das wertete den Prachtboulevard als elegante Wohnadresse enorm auf.

Mit der Errichtung seines Palais beauftragte Ludwig Viktor Heinrich von Ferstel, den Architekten, der sich bereits mit der Votivkirche einen Namen gemacht hatte. Das 1869 im Renaissance-Stil fertig gestellte Palais, das heute als Dépendance des Burgtheaters dient, ist zur Gänze erhalten. Seine zum Schwarzenbergplatz hin ausgerichtete Schauseite bestimmt ein deutlich hervortretender fünfachsiger Mittelrisalit. Im ersten Stock sind die hohen Rundbogenfenster des Festsaales zu sehen, zwischen denen korinthische Säulen stehen. Über diesen befinden sich zwischen den Oberstockfenstern sechs überlebensgroße Statuen von Personen aus der Geschichte Österreichs: Niklas Graf Salm, Ernst Rüdiger Graf Starhemberg, Ernst Gideon von Laudon, Josef von Sonnenfels, Johann Bernhard Fischer von Erlach und Prinz Eugen von Savoyen.

Auch bei der Inneneinrichtung wurde an nichts gespart. Besonders elegant geriet das Turmkabinett mit seinen Holzvertäfelungen, den roten Tapeten und der bemalten Stuckdecke. Im Hauptstockwerk schließt an das Treppenhaus eine Galerie an, die als Vorsaal für die Festräume, Ballsaal, Speisesaal und Wintergarten dient. Für das gesamte Bauwerk wurden nur kostbarste Materialien verwendet, sogar die Abflussrohre der Toilettenanlagen sind aus geschliffenem Untersberger Marmor gearbeitet.

In seinem neuen, mit erlesenen Kunstschätzen ausgestatteten Palais gab Erzherzog Ludwig Viktor in den folgenden Jahren zahlreiche glanzvolle Feste. Sein ständiger Wohnsitz war jedoch Schloss Klessheim in Salzburg.

Das von Johann Bernhard Fischer von Erlach ab 1690 als fürsterzbischöfliche Residenz erbaute Schloss Klessheim war ursprünglich mehr zu Repräsentationszwecken als zum Wohnen geplant. Der riesige Bau war im Winter kaum zu beheizen. Als es nach der Säkularisierung 1803 an das österreichische Kaiserhaus fiel, wurde es aus diesem Grund nur selten benützt. Auch als es Ludwig Viktor 1861 bezog, stellte sich bald heraus, dass der riesige Komplex eigentlich nur im Sommer zu bewohnen war. Der Erzherzog zog in den ersten Jahren seiner Aufenthalte in Salzburg daher im Winter zu seiner Großmutter Kaiserin Karoline Auguste in die Residenz.

Skandal um den Erzherzog

Ab Mitte der 1860er Jahre traten Ludwig Viktors homophile Neigungen immer stärker zutage. Über ein leidenschaftliches Verhältnis des Erzherzogs mit einem Fiaker wurde gemunkelt. Großes Aufsehen erregte die Verhaftung eines jungen Mannes, der dem Erzherzog in einem Bad in Abbazia eine wertvolle Uhr entwendet hatte. Und dann führte der Verteidiger eines Barons im Zuge eines Wechselfälscher-Prozesses vor Gericht ins Treffen, sein Mandant habe als Einjährig-Freiwilliger die Gunst des Erzherzogs genossen, der junge Mann sei durch seinen hohen

Freund mit dem fürstlichen Wohlleben vertraut gemacht worden und habe dann nicht mehr davon lassen können.

Großes Aufsehen erregte 1868 ein Vorfall im „Centralbad", der heutigen Schwulen-Sauna „Kaiserbründl" in der Wiener Weihburggasse, das der Erzherzog meist zweimal die Woche in Begleitung seines Adjutanten aufsuchte. Er wurde von einem Offizier, dem er sich anzüglich näherte, geohrfeigt, es kam zu einem Handgemenge und der Erzherzog musste flüchten. Der Skandal war perfekt. Er wäre allerdings bald in Vergessenheit geraten, hätte ihn nicht die klatschsüchtige Fürstin Nora Fugger in ihren Memoiren breitgetreten und falsch interpretiert. Dass sie dem Erzherzog übel gesonnen war, geht eindeutig aus ihren Aufzeichnungen hervor, denn immerhin war sie es, die behauptete, seine Zunge sei scharf wie die einer Giftschlange, er habe sich in alles eingemischt, Intrigen gesponnen und sich gefreut, wenn daraus Skandälchen wurden. Nora Fugger: „Wie oft sah ich seine Hofwagen in der Weihburggasse stehen. Die Frage lag nahe, wie es sich mit der strengen Etikette … vereinbaren lasse, daß ein Erzherzog in einem öffentlichen Schwimmbassin mit n'importe qui baden durfte … eines schönen Tages kam es tatsächlich zu einem großen Skandal … Dem Kaiser wurde diese Skandalaffäre … geschildert. Er war aufs höchste empört und befahl dem Bruder, Wien sofort zu verlassen und sich auf sein Schloß Klesheim zurückzuziehen. Dort verblieb der Erzherzog bis an sein Lebensende interniert …"[12]

Mit dem Gerücht, Kaiser Franz Joseph habe seinen Bruder nach Salzburg „strafversetzt", räumt die Historikerin Gabriele Praschl-Bichler vehement auf: „Ludwig Viktor wohnte bereits seit 1861 in Schloss Klessheim, freiwillig, und nicht, weil er etwa aus Wien verbannt worden war. Abgesehen davon fand der Skandal, der die Biographie des jüngsten Kaiserbruders so nachhaltig prägte, erst um die Mitte der sechziger Jahre statt. Es stimmt zwar, dass sich das Verhältnis zwischen dem Kaiser und Ludwig Victor durch diesen Vorfall abkühlte, Franz Joseph hatte über seinen Bruder aber weder Strafsanktionen verhängt, noch schränkte er dessen öffentliche Verpflichtungen ein."[13]

Luxus und Stil: Das Winterschloss

1866 erwarb Kaiser Franz Joseph das zeitweise von „Luziwuzi"
bewohnte Schloss Klessheim aus dem Staatsbesitz und übertrug
es seinem jüngsten Bruder zur Gänze. Auch wenn von „Verban-
nung" keine Rede sein konnte, dürfte ihm die Gewissheit, seinen Bruder in einiger Entfernung vom Wiener Hof zu wissen,
angesichts der immer häufiger gewordenen Skandale nicht unangenehm gewesen sein.

Im Jahr 1879, nach der Fertigstellung seines Wiener Palais,
und nachdem er sich von den Spekulationsverlusten erholt
hatte, die ihn beim Börsenkrach 1873 immerhin 200 000 Gulden gekostet hatten, beauftragte Ludwig Viktor den Architekten
Heinrich von Ferstel damit, ihm auch in Salzburg ein Palais zu
bauen, ein „Winterschloss". Das neben dem alten Schloss Klessheim errichtete „Kavaliershaus", heute Sitz der Hotelfachschule,
geriet zu einem modernen Bau, der mit für die damalige Zeit
sensationellen Luxuseinrichtungen ausgestattet war. Es verfügte
sowohl über einen Tennisplatz als auch über einen Swimming-
pool samt Badehaus, in dem der Erzherzog seine Runden drehen
konnte. Und an den oft Gäste geladen wurden – Gerüchten zufolge sollen nicht selten junge Offiziere darunter gewesen sein,
für die in den Umkleidekabinen keine Schwimmhosen bereit
lagen – und die daher so, wie sie Gott erschaffen hatte, in die
Wellen tauchen mussten.

Die Innenausstattung des „Kavaliershauses" war bis ins
kleinste Detail in Blau-Weiß gehalten. Vom Porzellan über die
Gobelins, Teppiche, Fauteuils und Tapeten bis zu den Billard-
kugeln war alles blau-weiß gestreift, gesprenkelt oder getupft.
Der Feuilletonist Egon Dietrichstein: „Das erzherzogliche, in
einem Lederfutteral aufbewahrte Siegel, die blau-weißen Por-
zellanhüte, die man auf die Kerzendochte gesetzt hat, der blau-
weiße Zigarrenlöscher und die blau-weiße Nagelfeile. An solchen reizenden Spielereien ist das Schloß reich. Es ist eine bis
zum Raffinement vervollkommnete Sammlung solcher neben-
sächlicher graziöser Ausstattungsartikel. Französische Stiche,
Balletteusen, Pikanterien, witzige Sujets. Eine ganze Wand mit

den schönsten Damen Europas, berühmten Künstlerinnen und hocharistokratischen Frauen. Das Exil Ludwig Viktors ist wie die Garniwohnung eines reichen Pariser Lebensmannes ausgestattet ...“ [14]

Die Übersiedlung nach Salzburg muss bei dem Erzherzog eine grundlegende Veränderung bewirkt haben. Der arrogante Besserwisser und hochmütige Zyniker wandelte sich. Die Autorin Lieselotte von Eltz-Hoffmann: „Es scheint sich jedoch mit dem Wandel seiner früheren Lebensumstände auch ein Wandel seines Denkens vollzogen zu haben ... An die Stelle des Hochmutes und der Überheblichkeit, die man ihm vorgeworfen hatte, waren Menschenfreundlichkeit und mitfühlende Anteilnahme getreten. Damit kamen Züge seines Wesens zur Geltung, die bisher verdeckt waren. So unbeliebt er in Wien gewesen war, so beliebt wurde er nun in Salzburg. Mit der Stadt, die ihm zum Lebensraum wurde, stellte sich ihm zugleich eine Aufgabe, in der er jene Erfüllung fand, die ihm bisher versagt blieb.“ [15]

Gegen die böswillige Behauptung, der Kaiser habe seinen jüngsten Bruder nach Salzburg „verbannt“, spricht auch, dass auf Schloss Klessheim immer wieder Familientreffen stattfanden. Ludwig Viktor lud seine zahlreichen Nichten und Neffen, Cousins und Cousinen samt ihren weit verzweigten Familienangehörigen oft und gerne zu sich ein. Und diese verehrten den zwar etwas schrulligen, aber gewandten Grandseigneur, der stets einen witzigen Geistesblitz parat hatte und mit Kindern liebevoll umzugehen wusste.

Die schönen Dinge des Lebens

Schloss Klessheim erlebte auch glänzende Empfänge, zu denen Hoheiten des europäischen Hochadels geladen waren. Vor allem die Familie des Herzogs von Württemberg, der sich auch an der Wiener Ringstraße in unmittelbarer Nachbarschaft zu Erzherzog Ludwig das Palais erbauen ließ, das heute als Hotel „Imperial“ genützt wird, war oft zu Gast. Und doch: Erzherzog Ludwig kannte keine Standesdünkel. Ähnlich wie seine Neffen

Kronprinz Rudolph, Erzherzog Otto oder Erzherzog Leopold Ferdinand, pflegte er gerne Umgang mit „einfachen Menschen". Besonders wohl fühlte er sich in der inspirierenden Gesellschaft von Künstlern.

Mit einer Tänzerin, der entzückenden Claudia Couqui, pflegte er sogar eine langjährige Freundschaft. Dafür, dass er seiner Bewunderung auch Taten folgen ließ, spricht ein Billet der Künstlerin, in dem sie ihrem „lieben Prinzen" für eine besonders schöne, gemeinsam verbrachte Nacht dankt. Ob der Monarch in der Wiener Hofburg davon jemals etwas erfahren hat? Schließlich soll der sonst ja nicht gerade für seinen Humor berühmte Kaiser die Neigungen seines kleinen Bruders einmal mit den Worten kommentiert haben: „Man müsst' ihm als Adjutanten eine Ballerina geben, dann könnt' nix passieren!"

Fest steht, dass Franz Joseph seinen jüngsten Bruder auch während dessen Aufenthalt in Salzburg geschätzt haben muss. Nicht anders ist es zu verstehen, dass er ihn 1896 zur Aufsichtsperson über das 1859 nach der Schlacht von Solferino gegründete Rote Kreuz ernannte. Ludwig Viktor sah darin weit mehr als nur eine Repräsentationsaufgabe. Um zu zeigen, wie ernst er diese wichtige humanitäre Institution nahm, leistete er die großzügige Spende von 10 000 Gulden. Dann bereiste er weite Teile der österreichisch-ungarischen Monarchie, um die Einrichtungen des Roten Kreuzes zu inspizieren und zu verbessern.

Erzherzog Ludwig Viktor war ein leidenschaftlicher Sammler. Er erwarb unzählige kostbare Kunstgegenstände, Antiquitäten, Porzellan, Gemälde und Fotos, echte Zeitdokumente seiner Epoche. Mit großer Begeisterung fotografierte er auch selbst. Dabei entstanden Schnappschüsse von erfrischender Natürlichkeit. Als sein Besitz nach seinem Tod in mehreren viel beachteten Auktionen versteigert wurde, sorgten vor allem die erstklassigen Majoliken und eine reichhaltige Stock- und Schirmsammlung für Überraschung.

Wie alle Angehörigen des Hauses Habsburgs hatte auch Erzherzog Ludwig Viktor eine Reihe von Repräsentationspflichten zu erfüllen. Sein Terminkalender war oft restlos ausgefüllt. Das brachte ihn zeitweise richtig in Stress. Wenn er sich zum Beispiel in Wien die Zeit nahm, zwischen zwei Verpflichtungen rasch ein Museum zu besuchen, dann erledigte er das in höchster Eile. Eduard Leisching, 1905–1925 Direktor des Museums für angewandte Kunst, notierte in seinen Erinnerungen, der nervöse Herr habe die Säle stets so rasch durcheilt, dass er das Haus immer schon verlassen habe, bevor der Dienst habende Beamte seiner habhaft werden konnte. Und wenn er eine Frage stellte, habe er die Antwort nie abgewartet.

Wohltäter und Repräsentant des Kaiserhauses

Gegen Ende des Jahrhunderts häuften sich die öffentlichen Auftritte des Erzherzogs. Nach dem Tod seiner beiden Brüder Ferdinand Maximilian und Karl Ludwig beauftragte Kaiser Franz Joseph seinen jüngsten Bruder immer öfter damit, ihn bei offiziellen Anlässen zu vertreten. Egal, ob beim Blumencorso am Traunsee, bei der Eröffnung von Ausstellungen oder bei Wohltätigkeitsveranstaltungen, Ludwig Viktor erschien als offizieller, höchst willkommener Abgesandter des Kaiserhauses. Und er erfreute sich großer Beliebtheit.

Gerade das aber hatte nicht nur damit zu tun, dass er als nunmehr einziger Bruder des Kaisers eine der höchstrangigen Persönlichkeiten des Hauses Habsburg darstellte. Beliebt war er beim Volk vor allem für sein „großes Herz". Abgesehen davon, dass er als Mäzen und Kunstförderer auftrat, zum Schirmherren des neuen Salzburger Kunstvereines und des Künstlerhauses wurde und trotz der unversöhnlichen Haltung, die seine Schwägerin ihm gegenüber eingenommen hatte, den Vorsitz des Komitees zur Errichtung eines Denkmals für Kaiserin Elisabeth übernahm, half er großzügig, wo immer er konnte.

Als Salzburg im Jahr 1899 von einem verheerenden Hochwasser heimgesucht wurde, das viele Menschen um ihre Existenz brachte, spendete der Erzherzog spontan eine hohe Summe Geld und gestattete eine groß angelegte Wohltätigkeitsveranstaltung in seinem Schloss und Park. In einer Zeit, in der auch in weiten

Se kaiserl. Hoheit Erzherzog

Ludwig Victor.

Ein „offizielles" Porträt von Ludwig Viktor in Uniform:
Das war eine Rolle, die er wohl weniger liebte.

Kreisen der Salzburger Bevölkerung Not und Elend herrschte,
unterstützte er Witwen und Waisenkinder, trat für unentgelt-
liche Krankenbehandlung von Armen in Spitälern ein, setzte
Freiplätze für Studenten durch, richtete Ausspeisungen für Mit-
tellose ein und förderte und gründete zahlreiche Hilfsorganisa-
tionen und karitative Vereine. So wurde er zu dem Habsburger,
der für das Wohl der Stadt und ihre Bevölkerung mehr leistete
als je ein anderer zuvor.

Die Stadt Salzburg wusste es ihm zu danken. Ihm zu Ehren
war schon 1873 einem der schönsten Plätze, dem Alten Markt,
der Name Ludwig-Viktor-Platz gegeben worden, den er bis 1927
behalten sollte. Und 1901, aus Anlass seiner 40-jährigen Anwe-

senheit in der Stadt, wurde die neu errichtete Lehener Brücke über die Salzach in Ludwig-Viktor-Brücke umbenannt.

Ende eines erfüllten Lebens

In seinen letzten Lebensjahren zeigte Erzherzog Ludwig Viktor nach offiziellen Angaben Anzeichen geistiger Verwirrtheit. Es wurde still um ihn, er erschien nicht mehr in der Öffentlichkeit, er empfing kaum Besuch, wurde schließlich 1915 unter Kuratel gestellt. Die Vormundschaft wurde Erzherzog Eugen übertragen. Durch die dicken Parkmauern des Schlosses Klessheim drangen so gut wie keine Berichte nach außen.

Über diese Zeit schreibt Max Reversi: „Ansonsten wurde er der Behandlung des Direktors der seinem Schlosse benachbarten Landesheilanstalt für Geisteskranke in Lehen, des Regierungsrates Dr. Schweighofer, unterstellt. Dieser war dem Erzherzog persönlich wohlwollend gesinnt und hat, bis auf die dem Erzherzog so widerwärtigen Wasserkuren, bei welchen derselbe auch von Wärtern oft roh behandelt worden ist, immer alles getan, um seine Lage zu erleichtern ... Als er damals die Pflege des Erzherzogs übernahm, wußte er von dem Problem der angeborenen Homosexualität so gut wie nichts ... Dr. Schweighofer brachte damals Stunden bei einem ihm bekannten Herren zu, um sich über diese Materie zu informieren. Er brachte die hierbei gewonnenen Eindrücke in einer Privataudienz zur Kenntnis des Kaisers Franz Joseph, welcher darüber dermaßen erstaunt war, daß er seine Haltung gegenüber seinem Bruder vollständig änderte und ihn zu allseitigem größten Erstaunen sogar persönlich in Klessheim besuchte. Dem Erzherzog war damals noch eine größere Bewegungsfreiheit eingeräumt. Der Kaiser hatte es allerdings zur Bedingung gemacht, daß er sich in einer gewissen Beziehung nichts mehr zu Schulden kommen lassen dürfe, was übrigens leichter versprochen als gehalten ist ..."[16]

Auf dem von Rappen bespannten Katafalk, der Kaiser Franz Joseph 1916 von Schloss Schönbrunn zur Kapuzinergruft brachte, lag jedenfalls kein Kranz aus Klessheim ...

Erzherzog Ludwig Viktor überlebte seinen älteren Bruder um nur etwas mehr als zwei Jahre. In dieser Zeit schrumpfte sein Lebensraum im „Kavaliershaus" auf lediglich zwei bescheidene Räume, die er nur zu kurzen Spaziergängen im Park verließ. Zu seiner Betreuung hatte er nur noch zwei Lakaien und einen Kammerdiener. Der Kammerdiener war es auch, der ihn am 18. Jänner 1919 tot in seinem bescheidenen Bett auffand; in seinem Schlafraum, der nur von zwei Kerzen erhellt und von den Bildern zweier Adjutanten geschmückt war.

Seine letzte Ruhe fand er in einem bescheidenen Grab auf dem Friedhof von Siezenheim. Auf seinem Grabstein steht kein Name, er trägt lediglich die Worte:

Meinem Kaiser (Franz Joseph) Dank!
Die Seele Gott – in Buss' und Reue,
Der starren Erde meine Hülle. –
Dafür, was sie mir einst im Leben,
Den Dankesgruss an meine Freunde,
Und all den Blinden mein Vergeben,
Die, – unverdient, mir etwa Feinde.

Der „schwimmende Habsburger"

Erzherzog Ludwig Salvator, „Luigi"
Sohn von Großherzog Leopold II. von Toskana
und seiner zweiten Gattin Maria Antonia, Prinzessin
beider Sizilien
* 4.8.1847 in Florenz, † 12.10.1915 in Brandeis
an der Elbe

Als Erzherzog Ludwig Salvator im August 1847 im Palazzo Pitti
in Florenz geboren wurde, war die Welt der „Toskaner" noch
in Ordnung. Großherzog Leopold II. regierte als weltoffener,
zukunftsorientierter Herrscher. Er setzte eine Reihe von Neu-
erungen durch, ermöglichte die Gewerbefreiheit, senkte die
Grundsteuern, ließ Sumpfgebiete trocken legen und Bergwerke
erschließen. Das alles brachte dem Land wirtschaftlichen Auf-
schwung.

Das Revolutionsjahr 1848 traf die Toskana dennoch mit voller Härte. Der bei der Bevölkerung beliebte Großherzog musste
Florenz verlassen, er floh mit seiner Familie vor den Aufständischen in die Festung Gaeta nördlich von Neapel. Ein Jahr später konnte er zurückkehren und die Regierung noch einmal für
zehn Jahre übernehmen.

Dem kleinen Erzherzog Ludwig Salvator bescherte dieses
letzte Dezennium der Toskaner in Florenz unbeschwerte Jahre.
Er wuchs in erstaunlich liberaler Umgebung auf, mit Werten
wie Bescheidenheit, Fleiß und Bildung. Richtig locker allerdings ging es in den düsteren Mauern des Palazzo Pitti nie zu
– und das, obwohl dort eine Kinderschar von sechs Erzherzögen
heranwuchs. Ludwig Salvator war als neuntes Kind und vierter
Sohn zur Welt gekommen, zum Zeitpunkt seiner Geburt waren

Schon früh überraschte der junge Ludwig Salvator seine Lehrer durch unstillbaren Wissensdurst. Seine ganze Liebe galt den Naturwissenschaften.

drei seiner Geschwister bereits tot, der „Nachzügler" Johann Nepomuk, später „Johann Orth", wurde 1852 geboren.

Der Tagesablauf der kleinen Erzherzöge unterlag einer exakten Regelung. In aller Früh hatten sich die Prinzen und Prinzessinnen gewaschen, gekämmt und fein säuberlich herausgeputzt vor der Tür zum Salon ihrer Eltern einzufinden. Sie standen in einer Reihe nebeneinander, hinter ihnen die Erzieher. Um Schlag fünf Uhr öffneten sich die Türen und die Kinder durften ihren Eltern schweigend und artig die Hand küssen. Nach einem einfachen Frühstück, bestehend aus Milch, Kaffee und Butterbrot, begann der Unterricht durch die Erzieher. Um zehn Uhr gab es ein etwas ausgiebigeres Frühstück, das wieder alle Familienmitglieder gemeinsam einnahmen und bei dem die Kinder ebenso wie bei den schlichten Mittag- und Abendessen wieder nur reden durften, wenn sie gefragt waren.

Ein Lichtblick war für die Kinder der an den Palast anschließende Park. Der heute so prachtvolle Boboli-Garten hatte damals noch viele wilde, ungepflegte Winkel, in denen sie nach Herzenslust herumtollen konnten. Dort verbrachte Ludwig viele Stunden mit seinem liebsten Spielgefährten, dem kleinen Schimpansen „Gorilla". Oft beobachtete er auch ganz still Schmetterlinge und Vögel oder, ganz ungewöhnlich für einen Prinzen, er half den Stallburschen beim Ausmisten und der Pflege der Tiere.

Schon als Kind war der kleine Erzherzog mehrmals auf Reisen. Knapp zehnjährig, durfte er seine Familie in die Schweiz begleiten und sich längere Zeit in Zürich aufhalten. Schon damals nahm er die neuen Eindrücke neugierig und voll Wissbegier auf.

Im Jahr 1859 ging die Herrschaft der Habsburger in der Toskana endgültig zu Ende. Großherzog Leopold II. musste im Zuge des Risorgimento auf Druck der Aufständischen abdanken, er verzichtete zu Gunsten seines Sohnes Ferdinands IV. auf den Thron, verließ mit seiner Familie Florenz und zog sich auf sein böhmisches Schloss Schlackenwerth zurück. Das Großherzogtum Toskana war bald Geschichte: Es ging im Königreich Italien auf. Und Österreich erlitt im Krieg gegen Frankreich und Sardinien blutige Niederlagen in den Schlachten von Magenta und Solferino.

Die Interessen zeigen sich früh

Ein Jahr später erwarb Leopold II. das nördlich von Prag gelegene Schloss Brandeis an der Elbe und machte es zum neuen Sitz der Familie. Erzherzog Ludwig erstaunte seine Erzieher in dieser Zeit durch seinen nahezu unstillbaren Wissensdurst. Seinen Eltern aber bereitete er Sorgen. Das raue Klima Böhmens bekam dem zarten und anfälligen Kind schlecht. Die Familie schickte Ludwig immer wieder in den Süden, in der Hoffnung, dass ihm das milde Klima an der Adria guttun würde. Auf kurze Ausflüge nach Triest und Istrien folgten mehrmonatige Aufenthalte in Venedig. Und schon im zarten Alter von 14 Jahren brachte Ludwig, dem Beispiel seines Vaters folgend, seine Reisebeobachtungen zu Papier.

Besonderen Eifer zeigte Ludwig beim Erlernen von Sprachen und beim Studium der Natur. Schon schien er wie prädestiniert für eine politische Laufbahn. Als er 1864 aber sein Studium in Prag aufnahm, zeigten sich seine wirklichen Interessen. Der junge Mann, der im Palais Kinsky am Altstädter Ring logierte, interessierte sich neben Jus zunehmend für die Naturwissenschaften. Er inskribierte an der Carl-Ferdinand-Universität und an der Akademie der Bildenden Künste und kam, wie damals für Angehörige des Kaiserhauses üblich, in den Genuss privater Vorlesungen der Professoren. Schon 1865 wurde er Mitglied der Zoologisch-Botanischen Gesellschaft in Wien. Dass er mit seinen Studien das Handwerkszeug zu seiner späteren Tätigkeit als Forschungsreisender, Geograf und Reiseschriftsteller erwarb, war zu diesem Zeitpunkt freilich noch nicht absehbar.

Prägend für sein ganzes späteres Leben und für seine wissenschaftliche Arbeit war für Ludwig Salvator der Erzieher Eugenio Baron Sforza. Der begeisterte Naturwissenschaftler war bereits als 23-Jähriger am fünften Kongress der italienischen Wissenschaftler in Lucca hervorgetreten und dort bis 1854 am Institut für Naturwissenschaften tätig gewesen. Gut möglich, dass der Funke der Begeisterung für die Natur und die Erforschung ihrer Geheimnisse von ihm auf seinen Zögling „Luigi" übersprang. Zwischen den beiden entwickelte sich bald ein inniges, von Vertrauen und tiefer Verbundenheit geprägtes Verhältnis, das bis zum Tod Sforzas im Jahr 1894 währte. Der Erzieher begleitete den Erzherzog auch als dessen Kammervorsteher auf vielen seiner Reisen.

Erste Sehnsucht nach dem Meer

1866 bedeutete auch für die „Toskaner" ein Katastrophenjahr. Österreich führte Krieg gegen Preußen, das zwang die großherzogliche Familie, auch Böhmen zu verlassen. Sie erwarb Schloss Orth in Gmunden und zog an den Traunsee. Aber es kam noch schlimmer. Die blutige Niederlage Österreichs bei Königgrätz führte zur Auflösung des Deutschen Bundes – und zum Verlust Venetiens. Damit war auch die Toskana endgültig verloren. Jetzt waren die Erzherzöge des Hauses Habsburg-Lothringen-Toskana nur mehr österreichische Erzherzöge. Sie wurden in das Versorgungssystem des Kaiserhauses eingegliedert, unterstanden dem Kaiser und mussten für alles bis ins kleinste Detail um dessen Genehmigung ansuchen.

Wie für einen Erzherzog üblich, wurde Ludwig Salvator in den militärischen Rang eines k. k. Obersten erhoben. Als Erzherzog Stefan Viktor im Februar 1867 starb, übertrug ihm der Kaiser dessen k. k. Infanterieregiment Nr. 58. Der frisch gebackene Regimentsinhaber und mittlerweile auch Ritter des Goldenen Vlieses hatte aber keine militärischen Interessen. Und dass die politische Entwicklung mittlerweile die Verwendung von Erzherzögen für den Staatsdienst nicht mehr zuließ, störte ihn auch nicht. Ihn zog es ohnehin immer stärker hinaus in die große, weite Welt. Er hatte Sehnsucht nach dem Meer.

Richtig erfasste ihn das Reisefieber, als er 1865 die Nordsee-Insel Helgoland kennenlernte. Jetzt konnte er zum ersten Mal sein Sprachen- und Zeichentalent nützen und wirklich vor Ort umsetzen, was er bisher an geographischen und naturkundlichen Studien nur in der Theorie erfahren hatte. Er beschäftigte sich, „jeden Winkel des kleinen Felseneilandes eifrig durchkriechend", mit Unterkünften und Lebensweise der Einheimischen, schaute sich die Gestelle zum Trocknen des Fangs und die Herstellung von Fischtran an. Ludwig Salvator begleitete die Helgoländer auf Haifisch-, Hummer- oder Krebsfang und genoss „jene träumerische Stille und jenes melodische Gefühl innerer Ruhe, das man nur am Meere empfindet".

Die vier Brüder: Ferdinand IV., Großherzog von Toskana, Karl
Salvator, Ludwig Salvator und Johann Salvator, der spätere Johann
Orth

Unglück vor der Krönung

Der Juni 1867 brachte für das Kaiserhaus Tage von höchster Be-
deutung: Im März war der Ausgleich mit Ungarn unterzeichnet
worden und Anfang Juni reisten Kaiser Franz Joseph und Sisi
nach Budapest, wo sie in einem vier Tage dauernden Zeremoniell gekrönt werden sollten. Mitten in die Generalproben platzte
eine erschütternde Nachricht: Im Schloss Hetzendorf war die
18-jährige Erzherzogin Mathilde, die Tochter von Erzherzog

Albrecht, dem früheren Gouverneur von Ungarn und Sieger von Custozza, den schweren Verletzungen erlegen, die sie 14 Tage zuvor bei einem Brandunfall erlitten hatte. In Budapest blieb zur offiziellen Trauer um das junge, hübsche Mädchen, den erklärten Liebling der Wiener, kaum Zeit. Der Hofball und eine Galavorstellung im Nationaltheater wurden zwar abgesagt, dann aber nahmen die Krönungsfeierlichkeiten ihren Lauf.

Für Erzherzog Ludwig bedeutete dieses tragische Ereignis einen tiefen Einschnitt. Er war Erzherzogin Mathilde eng verbunden. In ihrem Nachruf stand zu lesen: „Weit mehr noch als durch liebliche, jugendfrische Erscheinung war sie ausgezeichnet durch ungewöhnliche Geistesgaben, Herzensgüte und Liebenswürdigkeit."[1] Dem jungen Erzherzog aber hatte an ihr gefallen, dass sie sich ähnlich wie er selbst über Konventionen hinwegsetzte, frei dachte und gelegentlich tat, was sie wollte, auch wenn es Verbotenes war. Ende Mai hatte sie es in der Weilburg in Baden in Gegenwart von Erzherzog Ludwig gewagt, eine Zigarette zu rauchen. Als ihr Vater auftauchte, versuchte sie, die Zigarette unter ihrem weißen Sommerkleid zu verstecken. Die Glut entzündete jedoch das dünne Gaze-Gewebe und Erzherzogin Mathilde verwandelte sich innerhalb von Sekunden in eine lebende Fackel.[2]

Justin von Prášek, der Verfasser eines zweibändigen, von Erzherzog Ludwig autorisierten Werkes über Schloss Brandeis, behauptet zwar, das Paar sei verlobt gewesen, offiziell war das aber nicht. Dass sie sich nahe standen, steht jedoch außer Zweifel. Erzherzog Ludwig blieb sein Leben lang unverheiratet. Gut möglich, dass er angesichts des vor seinen Augen in hellen Flammen aufgehenden Mädchens den Entschluss gefasst hat, nie zu heiraten.

Die Reise beginnt

Fest steht lediglich, dass dieser grauenhafte Unfall zwar nicht den Grund, wohl aber den Auftakt zu seiner intensiven Reisetätigkeit bildete. Von nun an führte der Toskanerprinz ein Leben fernab vom einengenden Wiener Hof, der auch für ihn keine sinnvollen Aufgaben hatte. Er wurde unter südlicher Sonne zum „schwimmenden Habsburger", zum unermüdlichen Forscher, Zeichner, Geografen und Sammler.

Noch im August des Jahres 1867 reiste Ludwig Salvator unter dem Pseudonym „Ludwig Graf Neudorf" in Begleitung von Eugenio Baron Sforza erstmals zu den balearischen Inseln. Er verliebte sich auf Anhieb in die steil aufragenden Felsen, die wilde Schönheit der Hauptinsel Mallorca und die Liebenswürdigkeit ihrer Bewohner.

Diese freilich mussten sich an ihren neuen Gast erst gewöhnen. Schließlich machte der junge, in seiner Ausdrucksweise äußerst kultivierte Mann etwas höchst Ungewöhnliches: Er durchstreifte zuerst Palma und hielt sich dann mit seinem Diener wochenlang in unwegsamen Gebieten auf, um naturwissenschaftliche Studien zu betreiben. Nur mit Kamm, Zahnbürste, Zeichenblock und Tinte als Gepäck, sammelte er alles, was ihm interessant erschien, vor allem aber Käfer – Coleopteren. Als er seine Beute später einem Wissenschaftler zur Aufarbeitung übergab, konnte er stolz sein: Die Liste umfasste 332 Käferarten, darunter sechzehn bisher noch unbekannte, samt einer exakten Aufstellung des Fundortes und der Häufigkeit des Vorkommens. Die Ergebnisse seiner Forschungsarbeit über die Käferwelt der Balearen brachte er 1869 in Buchform heraus, als „Beitrag zur Kenntnis der Coleopteren-Fauna der Balearen".

Am Wiener Hof erschien Erzherzog Ludwig in der Folge gerade einmal im Jahr, zum Kaisergeburtstag in Ischl oder zu Weihnachten in Wien. Er galt als gelehrter Sonderling und verkappter Kommunist und man amüsierte sich sehr über seine einzige Uniform, die mit den Jahren speckig wurde und aus allen Nähten platzte. Auf das Gespött ob seines Knitter-Looks meinte der Erzherzog jedoch gelassen: „Lieber vielfältig als einfältig!"

Seine Vielfältigkeit stellte er 1868 unter Beweis. In diesem Jahr erschien beim Prager Verlag Heinrich Mercy sein 263 Seiten starkes, in französischer Sprache verfasstes Werk „Excursions artistiques dans la Vénétie et le littoral", das er seiner Mutter widmete. Noch im gleichen Jahr brachte der erst Einundzwanzigjährige im Selbstverlag eine zweite, kürzere, lediglich 58 Seiten lange Abhandlung unter dem Titel „Süden und Norden" heraus. In diesem Büchlein zeigten sich seine naturwissenschaftlichen Ambitionen, aber auch seine außergewöhnliche Beobachtungsgabe und Fähigkeit zur präzisen Wiedergabe von Naturphänomenen.

Eine seiner bedeutendsten Reisen führte ihn 1869 auf die Liparischen Inseln. Bewaffnet mit Zeichenblock und Tagebuch durchstreifte er die Inseln, notierte seine Beobachtungen minutiös bis hin zu winzigsten Kleinigkeiten und veröffentlichte seine Studien später. Neben seinem Monumentalwerk „Die Balearen. In Wort und Bild geschildert", für das er auf der Pariser Weltausstellung 1889 die Goldmedaille erhielt, zählen sie zu seinen bedeutendsten Werken.

Das Mittelmeer wurde immer mehr zum Mittelpunkt seines Lebens. „Wer kennt nicht den Zauber des Meeres, wer hat nicht die Macht seiner Anziehung gespürt, ewig verschieden in Bewegung, in Färbung und Stimmung", notierte er. „Und wer aus dem Becher dieser Wonne getrunken hat, der kann sich davon nicht trennen, und diese Liebe nimmt, wie jeder edlere Trieb, mit jedem Jahre zu, statt mit den Jahren zu schwinden."[3]

Wohnen auf dem Meer

Bald entwickelte er konkrete Vorstellungen darüber, wie er sich auf seinem geliebten Mittelmeer vollkommen frei und ungebunden bewegen könnte. Der nunmehr 22-jährige Ludwig Salvator trug 1869 brieflich an seine Mutter, Großherzogin Maria Antonia, ein Anliegen heran:

„Worüber ich anlässlich meines geplanten Aufenthaltes in Gmunden mit Ihnen wie mit Papá vor allem sprechen möchte: Auf meinen Reisen während der vergangenen Jahre habe ich, den Himmel als Dach, mit ausgestreckten Gliedern auf den Planken irgendeines Schiffes oder im Sand irgendeiner unbewohnten Bucht oft daran gedacht, ob es mit den uns zur Verfügung stehenden Mitteln nicht

Erzherzog Ludwig Salvators Yacht „Nixe" (untergegangen bei Kap Caxine 1898).

Die geliebte „Nixe". Auf ihr bereiste der Erzherzog mit seiner Begleitung das Mittelmeer zwei Jahrzehnte lang, dann erlitt sie vor Algier Schiffbruch.

möglich wäre, … ein bequemes Fortbewegungsmittel anzuschaffen, das entsprechend eingerichtet, meinen wissenschaftlichen Bedürfnissen dienen und den Komfort eines eigenen Heimes bieten könnte. Dieser vage Gedanke, den ich in mancher Sommernacht geträumt habe, nahm im vergangenen Jahr Gestalt an, als ich daran dachte, wie nützlich es für mich wäre, ein Schifflein zu haben, das mir während jener Monate des Jahres, die ich aus Gründen der Gesundheit wie zu wissenschaftlichen Zwecken gerne auf dem Meer verbringe, als Transportmittel und Heim dienen könnte."[4]

Diese Worte verfehlten ihre Wirkung nicht. Ausgestattet mit Kapital aus Familien- und Freundeskreis konnte Ludwig Salvator, inzwischen stolzer Besitzer des „Kapitänspatentes der langen Fahrt", im Juli 1871 in Fiume, dem heutigen Rijeka, den Auftrag zum Bau der Dampfyacht „Nixe" geben.

Im August 1872 lief die 51 Meter lange Yacht vom Stapel. Mit seiner geliebten, mit geräumigen Kabinen und eleganten Salons ausgestatteten, vor Sauberkeit nur so blitzenden „Nixe" bereiste der Erzherzog das Mittelmeer rund zwei Jahrzehnte lang. Meist war er in Begleitung einer Entourage von 20 Personen, einer bunt zusammengewürfelten Schar von Wissenschaftlern und adeligen Weltenbummlern. Oft war sogar ein Geistlicher mit von der Partie. Man teilte sich die Arbeit an Bord, aß gemeinsam und kannte keine Standesunterschiede. Wo immer das illustre Völkchen von Bord ging, erregte es größtes Aufsehen. Weil auch zahlreiche Hunde, Katzen und Vögel mit an Bord waren, wurde die „Nixe" oft scherzhaft als „Arche Noah" bezeichnet. Und hinter vorgehaltener Hand erzählte man sich auch von skandalösen Vorgängen an Bord.

Inkognito und die Balearen

Über das liebenswert bescheidene Auftreten des Erzherzogs mit dem großen, weichen Herzen gibt eine Anekdote aus dem Oktober 1896 Aufschluss, als die „Nixe" im Hafen von Ragusa (heute Dubrovnik) vor Anker lag. Ludwig Salvators Verleger Leo Woerl schilderte: „In Ragusa sah man während einer Woche täglich zwei Schiffsleute mit Körben, in denen sich Viktualien befanden, den Weg nach Gravosa wandern. Mit ihnen ging ein etwa fünfzigjähriger Herr. In der Vorstadt Pile nahmen sie einen Wagen. Die Schiffsleute setzten sich in den Wagen, der Herr nahm neben dem Kutscher Platz, und so ging es nach Gravosa. Dieser Herr, welcher täglich in der Stadt Einkäufe machte, war Erzherzog Ludwig Salvator. Derselbe kam nach Gravosa mit seiner Yacht ‚Nixe' und hielt sich dort im strengsten Inkognito auf. Der Prinz liebt solche Ausflüge, bei denen er, aller konventionellen Rücksichten seiner hohen Stellung ledig, sich frei bewegen kann. Der Hafenkapitän von Gravosa hörte, wie man sich in Ragusa von der Anwesenheit eines Mitglieds des Kaiserhauses erzählte und er kam auf die Yacht, um sich dem Erzherzog zur Verfügung zu stellen. Auf dem Schiffe traf er denselben Herrn, der immer mit den Schiffsleuten einkaufen ging, aber so gekleidet war wie alle Übrigen. ‚Wo finde ich den Kapitän?', fragte ihn der Hafenkapitän. ‚Der bin ich selber.' ‚Ich höre, dass sich auf dem Schiffe eine hohe Persönlichkeit befinde?' ‚Das ist nicht richtig, denn wir sind hier alle gleich', war die lakonische Antwort, durch welche der Kapitän Erzherzog, jede weitere Konversation abschneidend, deutlich zu erkennen gab, dass er sein Inkognito gewahrt wissen wolle."[5]

1872 kreuzte der Erzherzog abermals zwischen den balearischen Inseln. Diese Reise wurde entscheidend für sein weiteres Leben. Er war von dem damals noch weitgehend unberührten Flecken so angetan, dass er spontan beschloss, ihn zu seiner neuen Heimat zu machen. Besonders die Nordwestküste begeisterte ihn auf Grund ihrer wilden Schönheit. „Die nordwestliche Gebirgskette Mallorca's, welche sich vom Freu der Dragonera bis zum Cap de Formentor hinzieht, hat auf ihrem nördlichen Abhange die schönsten Gegenden der Insel. Die Perlen der Umgebung Neapels, die Gefilde von Sorrento und Amalfi, sind nicht herrlicher, als diese Gebirgslandschaften …"[6]

Als Ludwig Salvator dem Kaiser eröffnete, dass er seinen Wohnsitz ganz auf die Balearen verlegen wolle, blieb der befürchtete Sturm der Entrüstung aus. Der Kaiser genehmigte ihm die heiß begehrten Übersiedlungspläne. Möglich, dass er nicht allzu unglücklich darüber war, seinen schrulligen Cousin in einiger Entfernung vom Wiener Hof zu wissen. Die jährliche Apanage von 100 000 Kronen aus dem Familienfonds, die jedem Erzherzog zustand, bekam er weiter. Also war Ludwig Salvator frei und konnte mit höchster Erlaubnis hinaus aufs weite Meer. Und diese Gelegenheit nützte der Ahnvater der modernen Aussteiger, der Pazifist, Naturschützer und Visionär der ersten Stunde nur zu gerne.

Verwechslungen und andere G'schichten

Als Erstes kaufte Ludwig Salvator das steile, romantisch zum Meer abfallende Land an der Nordwestküste, die Finca Miramar. Die Einheimischen schüttelten den Kopf. Und dazu hatten sie in den folgenden Jahren immer öfter Gelegenheit. Der auch heute auf Mallorca noch hoch verehrte „Archeduque" gab sich nämlich höchst unkonventionell. Er schwamm nackt im glasklaren Wasser, schlief unter dem funkelnden Sternenhimmel, veranstaltete Picknicks am Strand und streifte Wochen lang durch die Gegend. Um sein Äußeres kümmerte er sich wenig. So wenig, dass das Wort „Archeduque" in Mallorca auch heute noch als Bezeichnung für schlecht angezogene Leute dient.

Der Erzherzog trat stets in nachlässiger Kleidung auf, trug am liebsten schäbige, abgewetzte Anzüge oder einfache bequeme Kleidung und band seine Manschetten mit Vorliebe mit Spagat zusammen. In diesem Aufzug wurde er gelegentlich für einen Schweinehirten, Matrosen, Koch oder Landarbeiter gehalten. Gestört hat ihn das nie, im Gegenteil, es machte ihm Spaß. Und in Gesellschaft einfacher Menschen fühlte er sich richtig wohl. Von ihnen könne man oft mehr lernen als von so manchem Gelehrten, sagte er immer wieder. Und die Leute vom Lande nahmen ihn, da er nicht nur ihre Sprache, sondern auch ihre Sitten wie kaum ein zweiter kannte, für ihresgleichen und scheuten sich nicht, den Sprössling eines der ältesten Herrscherhäuser Europas, der zudem auch Großoheim ihres Königs war, mit dem landläufigen Du anzureden.

Wie groß die Faszination war, die Mallorca auf den Erzherzog ausübte, verrät schon allein das Vorwort zu seinem riesigen, aus sieben Einzel- und zwei Doppelbänden bestehenden, 6000 Seiten umfassenden Werk „Die Balearen. In Wort und Bild geschildert": „Der Zweck, den ich bei Herausgabe dieses Werkes verfolgte, ist nicht zum wenigsten darin zu suchen, dass ich dem Lande, in dem ich so angenehme Stunden der Erholung verlebte, den Ausdruck meiner Dankbarkeit übermitteln wollte. Denen, welche die Inseln nicht kennen, werden diese Blätter eine Vorstellung ihrer landschaftlichen Reize geben, jene, die sie durchwandert und die klare, durchsichtige Luft ihrer Berge genossen haben, mögen sie willkommene Erinnerungsblätter sein, wenn sie auch natürlich im Vergleich zur leuchtenden Wirklichkeit nur wie ein blosser Schatten erscheinen … Häufig habe ich mehr meinem Bleistift und meiner Feder vertraut und mich deshalb bemüht, in einer grossen Anzahl von Bildern sowohl den landschaftlichen Charakter und die Kunstdenkmäler jener

Konventionen oder standesgemäße Kleidung kümmerten
„Luigi" so gut wie gar nicht. Kein Wunder, dass er sogar für
einen Landstreicher gehalten wurde.

Inseln, wie auch das häusliche Leben, die Trachten und die Ge-
bräuche ihrer Bewohner möglichst getreu darzustellen."[7]

Zu den unzähligen Histörchen und Legenden, die sich in
Mallorca um den schrulligen Erzherzog ranken, zählt der Vorfall, dass ihn einmal ein mallorquinischer Bauer, der den Herren
von Miramar auf Grund seines schäbigen Aufzuges für einen
Landstreicher hielt, darum bat, ihm dabei zu helfen, seinen fest-
gefahrenen Karren aus dem Morast zu ziehen. Als die Arbeit beendet war, drückte er ihm zehn Centimos für einen guten Trunk
in die Hand. Der Erzherzog nahm die Münze freudig, bewahrte
sie später hinter Glas auf und zeigte sie schmunzelnd mit den
Worten her: „Das einzige Geld, das ich mit meiner Hände Arbeit verdient habe!"[8]

Auch eine andere Episode, die das Wesen Ludwig Salvators
treffend charakterisiert, wird gerne erzählt: Als der Erzherzog

von einem Grundbesitzer als Renommiergast zu einer Familienfeier gebeten wurde, erschien er auf ausdrücklichen Wunsch tatsächlich im eleganten Gesellschaftsanzug. Er ließ sich an den Ehrenplatz der Festtafel komplimentieren, aß jedoch die als Vorspeise servierte Suppe nicht, sondern schüttete sie in die beiden Außentaschen seiner Jacke. Dann erhob er sich abrupt und verabschiedete sich mit der Begründung: „Sie haben nicht mich, sondern meinen Anzug eingeladen – und der ist satt."

Tragisches Unglück

Bei seiner wissenschaftlichen Arbeit überließ Ludwig Salvator nichts dem Zufall. In mühsamer Kleinarbeit hatte er einen 100 Seiten starken Fragebogen erarbeitet, die „Tabulae Ludovicianae". Wo immer er anlegte, übergab er diesen Fragebogen an Personen, denen er Ortskenntnis und Vertrautheit mit den Gepflogenheiten zutraute. Er bat den Bürgermeister, den Arzt, den Lehrer oder den Pfarrer, möglichst genaue Angaben einzutragen. Die Antworten wertete er später gemeinsam mit seinen Mitarbeitern aus.

Um einsame Küstenstriche oder abgelegene Inseln zu erforschen, ließ der Erzherzog aber nicht nur andere arbeiten. Oft in Begleitung seines mallorquinischen Sekretärs Don Antonio Vives und mit ortskundigen Führern begab er sich selbst auf ausgedehnte, oft mühselige Wanderungen. Dann notierte er Wissenswertes über die Landschaft, Flora, Fauna, Bevölkerung und Kultur bis ins kleinste Detail. Mit dabei hatte er stets ein kleines Tintenfässchen in Form eines Globus, Feder und Papier. Auf diese Art entstand eine Fülle von meisterhaften Zeichnungen, die seine Beschreibungen ergänzten.[9]

Vives war nicht der erste Sekretär des Erzherzogs. Vor ihm hatte ihn der aus Kuttenberg in Böhmen stammende Vradislav Výborný betreut. Der junge Mann verliebte sich aber in ein Mädchen aus Palma. Das war dem Erzherzog ganz und gar nicht recht. Er gab Anweisung, dass ihm für eine Fahrt nach Palma kein Wagen zur Verfügung gestellt werden sollte. Der verliebte Böhme aber war durch diese Maßnahme nicht zu bremsen. Bei sengender Hitze legte er den 25 Kilo ᵢeter weiten Weg zu Fuß zurück. Am Ziel angekommen, wollte er sich mit einem eiskalten Getränk erfrischen – und erlitt einen Hitzschlag.

Der Erzherzog war von diesem tragischen Unfall schwer betroffen. Er ließ den Leichnam des jungen Mannes einbalsamieren und sandte ihn nach Böhmen zu seiner Mutter. Dann gab er in Italien eine Marmorbüste des so früh Verstorbenen in Auftrag und schickte auch sie an seine Mutter. Diese aber nahm sie nicht an, sie gab dem Erzherzog die Schuld am Tod ihres geliebten Sohnes. Also landete die Büste in Mallorca – und erhielt einen Ehrenplatz in Miramar. Das Zimmer Výbornýs ließ der Erzherzog versperren, es durfte von keinem Menschen betreten werden. Seinen Todestag verbrachte er dann jedes Jahr ganz allein in diesem Raum.

Forschungsreisen: Unterwegs mit „Nixe"

Auf seiner „Nixe" war der Erzherzog im gesamten Mittelmeer unterwegs. Sein Interesse galt aber weniger den ohnehin bekannten Kulturzentren als den kleinen, zu jener Zeit unentdeckten Regionen. Er besuchte im Ionischen Meer die Inseln Paxos und Antipaxos, Ithaka und Levkas. Zante, das heutige Zakynthos, umruderte er andächtig, um ein friedliches Naturschauspiel genießen zu können. „Man muss sie mit einem Boot umfahren und die Wildtauben aus ihren schattigen Winkeln und Höhlen wegfliegen sehen"[10], schwärmte er später in seiner Inselmonografie „Zante".

Nach den Liparischen Inseln im Norden Siziliens erforschte er die kleinen Inseln Giglio, Ustica und Alborán. Dann widmete er sich den damals im Dornröschenschlaf liegenden Balearen mit Mallorca, Menorca, Formentera und Eivissa, dem heutigen Ibiza, über das er notierte: „Die ganze Stadt Ibiza besteht aus einer Reihe planlos durcheinander laufender, meist enger, mit Schottern gepflasterter Gässchen, welche gewöhnlich in der Mitte mit einer Rinne zum Abfluss des Unrathes versehen sind. Die Häuser sind sämmtlich nummeriert und fast alle weiss ge-

tüncht und haben platte Dächer, einige wenige sind mit Holz-
ziegeln gedeckt." [11]

Aber damit nicht genug. Er besuchte Konstantinopel, fuhr
die nordafrikanische Küste entlang, bereiste das Heilige Land
und Ägypten, schmiedete Pläne für den Bau einer Eisenbahn-
linie nach Beirut und machte sich Gedanken über wirtschaft-
liche Entwicklungsprojekte. Er stand in Kontakt mit dem
Schriftsteller Jules Verne und dieser setzte ihm ein bleibendes
Denkmal, indem er ihn zur Vorlage für den Helden seines
Romans „Mathias Sandorf" machte, als geheimnisvollen Mann
aus höchsten Adelskreisen, der auf seiner Luxusyacht schnell wie
der Blitz im ganzen Mittelmeerraum unterwegs ist.

Der bald zum „Chronisten des Mittelmeeres" avancierte Erzherzog lebte am Puls seiner Zeit. Der technische Fortschritt fas-
zinierte ihn. Um sich über die allerneuesten Entwicklungen zu
informieren, reiste er zu den großen Weltausstellungen, in denen der überzeugte Pazifist auch ein Mittel zur friedlichen Völ-
kerverständigung sah. Später schrieb er: „Ich behaupte immer,
nie mit einem Menschen zwei Stunden gesprochen zu haben,
ohne von ihm etwas gelernt zu haben; was wird man erst aus
Weltausstellungen erlernen!" [12]

Unverhofft um die ganze Welt

Als er im Jahr 1881 zur Weltausstellung nach Melbourne auf-
brach, konnte er allerdings nicht ahnen, dass ihn sein Weg einmal um die Welt führen würde, um in sein geliebtes Mittelmeer
zurückkehren zu können. Der Kaiser hatte die Genehmigung
der Reise nach Melbourne an die Bedingung geknüpft, dass der
Erzherzog in Begleitung seines Kammerherrn Baron Sforza
reisen würde – offenbar wollte er sicher gehen, dass sich sein
Cousin in Melbourne, wo sich die ganze Welt traf, standesgemäß verhielt. Schließlich stimmte der Erzherzog zu und reiste
am 1. Jänner 1881 mit seiner aus fünf Personen bestehenden Begleitung aus Venedig ab. Am 20. Jänner war Ceylon erreicht, am
7. Februar schließlich Melbourne.

Eine Woche lang hatten die Reisenden Gelegenheit, die Weltausstellung zu besuchen und sich die Stadt Melbourne mit ihren großzügigen breiten Straßen und soliden Häusern genau anzusehen. Auch Shopping stand später auf dem Programm „... unter anderem besahen wir uns einen Laden in Hunter Street, der ausser Pelzwerk noch viele Curiositäten, manchen Bumerang und Streitkeule von den hiesigen Eingeborenen enthielt. Für einen Bumerang verlangte man 7 Shilling, für schöne Lanzen von den Fiji Inseln 10 Shilling das Stück. Ich kaufte zwei von den letzteren, eine australische (New South Wales) Keule und einen Bogen mit Pfeilen, sowie einen Häuptlingsstock von den Fiji Inseln. Nachmittags fuhren wir, nachdem wir einen schönen chinesischen Käfig für 25 Shilling gekauft hatten, zur Bahn, um uns mit dem 5 Uhr 25 Minuten abgehenden Zuge nach dem 52 Meilen entfernten Picton zu begeben, wo wir um 8 Uhr 25 Minuten eintrafen." [13]

Bald aber kam die Überraschung: Obwohl für die Rückreise Plätze auf der „Brindisi" gebucht worden waren, erwies sich das Schiff als restlos ausgebucht, es gelang dem Erzherzog nicht, Plätze für sich und seine Begleiter zu ergattern. Also blieb ihm nichts anderes übrig, als sich samt dem riesigen Gepäck und dem frisch in die Reisegemeinschaft aufgenommenen Hund Trimmer auf dem kleineren Schiff „Bockhara" einzuschiffen, das Richtung Tasmanien losdampfte.

Wirklich unglücklich machte der Umweg den leidenschaftlich Reisenden nicht. So hatte er zumindest Gelegenheit, zehn Tage in Tasmanien zu verbringen. Er nützte die Zeit, um die Inseln zu durchstreifen und im botanischen Garten Samen von exotischen Sträuchern und Bäumen zu sammeln. In seinem 1886 in Prag erschienenen Werk „Hobarttown oder eine Sommerfrische in den Antipoden" schilderte er Tasmanien später in so glühenden Farben, dass auch „Sisi" Lust bekam, die Inseln am anderen Ende der Welt kennen zu lernen. Kaiser Franz Joseph ging dieser Wunsch jedoch entschieden zu weit, er erlaubte ihr die Reise nicht.

Von Australien reiste der Erzherzog am 24. März auf dem Dampfer „Zealandia" mit Zwischenstopps in Neuseeland und

Hawaii über den Stillen Ozean nach San Francisco. Die Fahrt verlief nicht ohne Turbulenzen: „31. März. Die Nacht verging rollend. Eine schwere See von Südosten wälzte sich herab und wusch alle Weile mit tobenden Schlägen auf Verdeck, so dass die hölzerne Decke des Winch-Dampfrohres, das auf der rechten Seite der Cajüten entlang führt, weggerissen wurde, man fing sie aber auf Verdeck noch auf. Achter wurden drei Schafe und ein Käfig mit 12 Gänsen weggewaschen …"[14]

In Kalifornien angelangt, musste der Erzherzog nicht Neuland betreten. Er war schon fünf Jahre zuvor in Los Angeles gewesen und hatte bereits das kleine, seinem „besten Freunde" Vratislav Výborný gewidmete Bändchen „Los Angeles. Eine Blume aus dem goldenen Lande" veröffentlicht, in dem er sich auch vom Klima angetan zeigte: „Actives Leben ist durch die hiesige Luft angenehm und leicht, denn es hat keine Ermattung zur Folge. Namentlich ist das Klima für Brustkranke, Asthma, Leberkranke, Depression der Nerven und Altersschwäche geeignet. Die sonnige Atmosphäre, der herrliche Anblick des Winters und die schönen Spaziergänge tragen auch viel dazu bei und machen Los Angeles zu einem wahren Sanatorium. … Es ist mithin nicht zu zweifeln, dass Semitropical California mit der Zeit ein wahres Health Resort für die Staaten der Union werden wird."[15]

Auch diesmal nahm der Erzherzog sogleich seine gewohnten Recherchen auf. Er brachte alles nur Erdenkliche über das Land und seine Bewohner in Erfahrung, machte sich Notizen über Fauna und Flora, die Bewohner und die Bodenschätze.

Von Kalifornien reiste Ludwig Salvator nach New York und nahm am 5. Mai den Dampfer „Republic" nach England. Dann ging es per Zug weiter nach Mailand und Venedig, an den Ausgangspunkt der Reise. Auch diesmal hielt der Vielgereiste an seinen Gewohnheiten fest. Er schleppte seine vorsintflutliche Reisetasche selbst, fuhr im Zug dritter Klasse – seine Diener hingegen reisten in der ersten Klasse und ließen sich das Gepäck selbstverständlich von Dienstmännern nachtragen.

Rückkehr ins Paradies

Von der Weltreise zurückgekehrt, richtete sich der zum „Adoptivsohn der Balearen" erklärte Erzherzog häuslich in Miramar auf Mallorca ein. Hier fand er Zeit und Muße, an seinem umfangreichen Werk zu arbeiten. Und der Erfolg stellte sich bald ein: Die Royal Geographic Society, London, der Verein für Erdkunde, Metz, und die Kaiserliche Akademie der Wissenschaften in Wien ernannten ihn zu ihrem Ehrenmitglied.

Zwei Jahre, nachdem der Selbstmord Kronprinz Rudolfs in Mayerling die Habsburger-Monarchie in ihren Grundfesten erschüttert hatte und die unglückliche Kaiserin Elisabeth endgültig zur rastlos Umherirrenden geworden war, besuchte „Sisi" den kaiserlichen Vagabunden im Dezember 1892 in Mallorca. Ihr Schiff „Miramar" ankerte friedlich neben seiner „Nixe" und ähnlich harmonisch verlief der Besuch. „Sisi" und „Luigi" verband eine Art Seelenverwandtschaft. Die Kaiserin genoss die Gesellschaft des hochgebildeten und skurillen Vagabunden, dem wie ihr selbst nichts mehr zuwider war als die steife Etikette des Wiener Hofes. Dort allerdings mokierte man sich über die Abwesenheit der Kaiserin zu ihrem 55. Geburtstag. Der Kaiser nahm es locker: „Ich hoffe, daß der dicke Luigi für Dein Wohlergehen sorgt!",[16] telegraphierte er.

Einige Wochen später kam „Sisi" noch einmal. Dass sie sich in dem regelrechten Paradies wohl fühlte, das sich der Erzherzog auf Mallorca geschaffen hatte, war nicht zu übersehen. Beim Abschied soll sie sogar gesagt haben: „Nachdem ich hier war, wird es mir auf Korfu weniger gefallen!"

Tatsächlich hatte der „fürstliche Diogenes" im Laufe der Jahre seinen Besitz durch sukzessive Zukäufe erweitert. Einer Anekdote zufolge war dies jedoch reiner Zufall. Im Frühjahr habe der Erzherzog seinen Leuten befohlen, die Olivenbäume, die Pinien und die alten Eichen zu schonen, erzählt der spanische Schriftsteller Mario Verdaguer. Eines Tages seien jedoch die Vögel, deren fröhliches Gezwitscher sonst immer zu hören gewesen sei, still gewesen. Stattdessen hallte die Gegend von rohen Axthieben wider, die aus der Tiefe des Gehölzes drangen. Auf einem Gut in der Nähe Miramars ließ ein mallorquinischer Landmann einen hundertjährigen Baum fällen. Es war sein gutes Recht. Um aber dem Vandalismus Einhalt zu gebieten, kaufte der Erzherzog die ganze Besitzung. Wenige Tage später wiederholte sich genau der gleiche Fall auf der entgegengesetzten Seite von Miramar: „Der Erzherzog trat abermals als Käufer auf, in der Umgebung wurde darüber gemunkelt und sehr bald kam die Zeit, da der Schlossherr von Miramar sein Fenster am Morgen nicht mehr öffnen konnte, ohne die wütenden Axtschläge zu hören, die ringsum die Baumriesen verwüsteten. Auf diese Weise gab er nach und nach, ohne sich dessen zu versehen, etliche Millionen für den Ankauf des herrlichen Küstenstriches und für die Rettung der großartigen Bäume aus, die nun auf ihren späten Alterstod warten konnten." [17]

So erwarb der fürstliche Naturschwärmer ein Gut nach dem anderen, bis das ganze Küstengebiet zwischen Valldemossa und Deià vom Ufer bis zu den höchsten Bergesgipfeln in sein Eigentum überging. Und er betätigte sich als Naturschützer der ersten Stunde. Auf seinem Besitz durfte kein Baum gefällt, kein Haus errichtet und keine Straße erweitert und ausgebaut werden. Tiere konnten auf dem gesamten Areal bis zu ihrem natürlichen Tod ungestört leben. Für Reisende stand ein Gästehaus zur Verfügung, in dem sie bis zu drei Tagen gratis wohnen konnten. Ein zwölf Kilometer langes Wegenetz führte bis weit hinauf in die Berge. An den schönsten Aussichtspunkten luden so genannte Miradores, Steinmäuerchen mit Sitzbänken, zum Verweilen ein.

Comte de Saint-Aulaire beschrieb das außergewöhnliche Leben des Erzherzogs später: „… Erzherzog Ludwig hatte sich nach vielen Reisen auf der Balearen-Insel Mallorca niedergelassen, wo er in einer bürgerlichen Villa inmitten feenhafter, vom Meer bespülter Gärten wohnte. Im Vorraum stand eine Statue aus Marmor; sie zeigte die Züge seines Sekretärs. Dabei gab er sich polygamen Neigungen hin und hatte viele Kinder, die so gut wie nackt mit den kleinen Inselbewohnern spielten …" [18]

Im Landgut des ungekrönten Königs von Mallorca gab es auch eine ungekrönte Königin: Catalina Homar. Die Schönheit

Land der Sehnsucht: Die malerischen Küsten des Mittelmeers
waren Ludwig Salvators Wahlheimat.

mit maurisch-christlichen Wurzeln war die Tochter des Tisch-
lers, der auf dem Gut Son Moragues beschäftigt war. Sie brachte
ihrem Vater jeden Tag das Essen in einem von einem roten Tuch
eingehüllten Tontopf.

Die Verführung der Drossel

Aufmerksam wurde der Erzherzog, der auch in Bezug auf sein
Liebesleben Vielfalt bewies und sich abwechselnd von beiden
Geschlechtern angezogen fühlte, wegen ihrer schönen, glocken-
hellen Stimme. Er hörte sie zum ersten Mal, als er an dem Felsen Foradada saß, um dem Gesang der Blaudrossel zu lauschen.

Die hochromantische Szene dieser ersten Begegnung beschrieb er später in dem dieser Frau gewidmeten Büchlein „Catalina Homar":

„Die Felswände, an deren Fusse die Stimme ertönte, gaben sie durch ihre Aushöhlungen verstärkt zurück; ich wurde von der Ähnlichkeit des Tonfalls des Vogels mit dem menschlichen überrascht … Die Stimme schien sich zu nähern und wurde immer lauter und lauter. Ich blieb stumm, in Gedanken vertieft, bis ich nahende Schritte hörte und den Kopf hob – es war C., welche in den Felsenritzen am Meer Salz aufklaubte, das die in denselben von den Sturmestagen verbliebene Flut hinterlässt. Wie sie mich sah, schwieg sie und kam mir lächelnd entgegen …"[19]

Ludwig Salvator holte das natürliche, aber völlig ungebildete Mädchen auf sein Gut Miramar. Er sorgte dafür, dass sie lesen und schreiben lernte. Schließlich erteilte er ihr Unterricht in mehreren Sprachen. Innerhalb kurzer Zeit wurde aus dem einfachen Mädchen Catalina eine kluge, selbstbewusste Frau von selbstverständlicher Eleganz, die sogar „Sisi" beeindruckte, als diese zu Besuch kam.

Nach dem Tod ihres Vaters übernahm Catalina die Leitung der nach dem Vorbild eines Landhauses auf den Liparischen Inseln errichteten Besitzung Estaca. Die Weinberge dieses Gutes waren ihr ein besonderes Anliegen. Ihrer Tüchtigkeit und Umsicht war es zu verdanken, dass die Weine der Estaca in Paris, Madrid, Barcelona und sogar in Chicago ausgezeichnet wurden.

Untergang der „Nixe"

Trotz allem: Nirgends war Ludwig Salvator glücklicher als an Bord seiner geliebten „Nixe". Das Meer zog ihn geradezu magisch an; er liebte Erzherzog Ferdinand Maximilians Gedicht:

„Hinaus, hinaus, auf's weite blaue Meer,
Hinaus, wo Himmel nur und Welle,
Wo nie das Herz mir bang und schwer,
Zu Schiff, zu Schiff ist meine Stelle."[20]

Als erster Kommandant steuerte die „Nixe" der aus Rijeka stammende Kapitän „Alois" Adalbert Randich durch das Mittelmeer. Nach dessen Heirat im Jahr 1883 übernahm Ludwig Salvator selbst das Kommando und führte das Schiff bis zum Sommer des Jahres 1893. Dann aber entschloss er sich dazu, den mallorquinischen Kapitän Rafael Vich y Rosselló zu engagieren. Das erwies sich als schicksalhafter Fehler. Schon auf seiner ersten Fahrt kam es am 5. Juli 1893 zur Katastrophe. Das Schiff rammte das knapp vor der Hafeneinfahrt von Algier gelegene Riff des Cap Caxine. Der Erzherzog schildert den Hergang des Unglücks:

„Das Meer war wie polierter Stahl, glatt wie ein Spiegel, jeden Felsen, jeden Sprung desselben zurückgebend, und darauf lag die ‚Nixe' und ihre Messingsachen glitzerten wie Gold und spiegelten sich in gebrochenen Wellen in der durchsichtigen Flut. Die silberfarbenen Fische umkreisten sie und die Cormorane hoben ihren langen Hals empor; sie schienen die alte Freundin zu erkennen, von der nichts Böses zu befürchten war, und tauchten wieder mit Behagen in die Flut oder schlugen ihre ausgebreiteten Flügel, gleichsam wie zum freudigen Grusse, auf einer Felsenhöhe … Obwohl ich die Maschine volle Kraft zurücksetzte, so blieben wir doch mit der dem Schiffe erübrigenden Schnelligkeit an demselben Riffe hängen, vor dem ich gewarnt hatte. Die Schraube brach beim Zurückschlagen auf die Riffe, und der Kessel wurde durch F. Fusari's, des ersten Maschinisten, Geistesgegenwart entladen, um thunlichst einer größeren Gefahr vorzubeugen. Ich höre noch im Geiste die wuchtigen Schläge, wie sie an den Seiten der ‚Nixe' pochten! Wie hart schlug das Eisen auf die kantigen Riffe! Ich höre noch das dumpfe Getöse, und mit Grausen denke ich an das springbrunnenartige Emporschnellen und Niederfallen der heftig anprallenden Wogen zurück, die unter dem Schiffskörper der ‚Nixe' hervorbrachen. Das Meer von Osten liess das Schiff mächtig auf den Riffen hin- und herrollen, und ein starkes Leck öffnete sich in der Nähe des Kohlendepots. Es blieb uns nichts anderes übrig, als eiligst zu den Booten zu flüchten …"[21]

Ludwig Salvator konnte sich nach der heftigen Kollision mit der gesamten Besatzung in Beibooten an die algerische Küste retten. Die „Nixe" aber sank vor Algier.

Ohne eigenes Schiff fühlte sich der „schwimmende Habsburger" wie ein Fisch auf dem Trockenen. Er trat daher bereits ein Jahr nach dem Schiffbruch mit dem Fürsten von Liechtenstein in Kaufverhandlungen über dessen 1877 in Kiel gebaute Dampfsegelyacht „Hertha". Bald gelang es Ludwig Salvator, den Kauf abzuschließen, die k. k. Seebehörde in Triest genehmigte die beantragte Namensänderung, und somit besaß der Erzherzog eine neue „Nixe". Dass er Kapitän Rafael Vich y Rosselló nicht ernsthaft bös war, bewies er dadurch, dass er ihm auch dieses Schiff anvertraute.

Verhängnisvolle Reise

Die fromme Catalina hatte lange davon geträumt, einmal das Heilige Land zu besuchen. Der Erzherzog erfüllt ihr diesen Wunsch. Im Jahr 1899 nahm er sie auf der „Nixe II" mit in den Orient. Wieder zurück, trennte sich das Paar in Venedig. Catalina kehrte zurück auf die Estaca, nach der sie sich schon gesehnt hatte, der Erzherzog fuhr zuerst an die Riviera und dann nach Ramleh in Ägypten. Später zog er sich in seine Villa Zindis unweit San Rocco am Golf von Triest zurück. Dort fand er die nötige Ruhe und Abgeschiedenheit, um an seinen Büchern arbeiten zu können. Er vollendete unter anderem „Sommertage auf Ithaka", eine Beschreibung der Insel, die als die Heimat von Odysseus gilt, und „Zante", die zweibändige Monographie über die heutige Insel Zakynthos.

Auch in dieser Zeit unternahm er ausgedehnte Fahrten auf der „Nixe". Und wie immer sorgte er stets für größtes Aufsehen, wenn er zwar incognito, dennoch aber unverkennbar, mit seiner Begleitung von Bord ging. Dem Kaiser in Wien wurde prompt berichtet. So meldete zum Beispiel Graf Crenneville am 8. November 1900 aus Korfu: „Seine Kaiserliche und Königliche Hoheit bewahrte während Höchstseines Aufenthaltes in Corfu das strengste Incognito, welches auch von den Lokalbehörden respectirt wurde und beehrte nur meine Frau am 6. D. M. mit Höchstseinem Besuche. Nicht unterlassen kann ich zu berichten, daß die aus zwei Damen, einem jungen Mädchen und einer jugendlichen Persönlichkeit, deren Geschlecht trotz männlicher Kleidung zu Tage tretenden weiblichen Formen und wallenden Haupthaare nicht gut definirbar erschien, bestehende Reisegesellschaft Sr. K. u K. Hoheit bei ihren Spaziergängen durch die Stadt nicht unbedeutendes Aufsehen erregte."[22]

Catalina schrieb dem Erzherzog jede Woche einen Brief, in dem sie ihn über die neuesten Ereignisse auf der Estaca unterrichtete und ihn inständig bat, endlich wieder auf die schöne Estaca zu kommen. Er sehnte sich nach der sonnigen Estaca und dem schattigen Miramar, aber er verschob seine Reise immer wieder. Im Frühjahr 1905 schließlich war es endgültig zu spät: Catalina war nach langem, qualvollem Leiden der Lepra-Erkrankung erlegen, mit der sie sich auf der Orient-Reise angesteckt hatte. Vergessen aber ist sie nicht. In der Estaca erinnern eine nach dem Tod des Erzherzogs gelieferte Marmorstatue und eine Marmortafel an das Mädchen Catalina, das – möglich, aber nicht sicher – die große Liebe des Erzherzogs war:

> *„Dem unvergeßlichen Andenken an Catalina Homar,*
> *welche so viele Jahre hindurch die Seele dieses Hauses war,*
> *von Ludwig Salvator errichtet mit der Bitte an jene,*
> *die kommen, daß sie für sie beten."*

Der katalanische Maler und Dichter Santiago Rusiñol, ein glühender Verehrer Mallorcas, setzte Erzherzog Ludwig Salvator ein literarisches Denkmal: „Das ist der Erzherzog: ein Mensch von Geschmack und ein Mensch von Herz. Auf seinen Besitzungen gibt es kein Tier, das eines anderen als des natürlichen Todes stürbe. Ein Pferd wurde in seinem Stall zwanzig Jahre alt; die Hunde schlafen in den Hallen, bis sie vor Alter umsinken. Sieht er einen kranken Baum, so lässt er ihn wie einen Menschen behandeln, und den Leuten geht es bei ihm wie den Fischen im

Wasser, und Mallorca ist das einzige Land, in dem man einen Fürsten sehen kann, der vierzig Jahre damit verbracht hat, die Menschen und die Natur zu studieren."[23]

Endgültiger Abschied

Als der Erste Weltkrieg 1914 ausbrach, musste Ludwig Salvator dem allerhöchsten kaiserlichen Befehl gehorchen und auf das Schloss Brandeis bei Prag zurückkehren. Er traf dort mit seinem Hofstaat am 13. Mai 1915 ein und bezog die Räume der Westfront. Trotz der heftigen Schmerzen, die ihm die Krankheit Elephantitis verursachte, unternahm er noch Ausflüge und Spaziergänge. In den dunklen, alten Mauern, in denen er nichts mehr vermisste als die strahlende Sonne des Mittelmeeres, arbeitete er an einem Thema, das ihn schon lange beschäftigt hatte, an der Sammlung von Zärtlichkeitsausdrücken und Koseworten in diversen Sprachen. In einem seiner letzten Bücher veröffentlichte er die von diversen Mitarbeitern zusammengetragenen Ausdrücke und Redewendungen in deutscher, friulischer und italienischer Sprache. Allein schon die Einleitung des Buches liest sich wie reine Poesie:

„Wenn man in einem Garten nur eine Blumenart hätte – und wäre es selbst die schönste – würde man den Garten fad und eintönig finden; so ist es mit den Sprachen, diesen Blüten menschlichen Gefühls. Jede hat ihren Duft, jede ihren eigenen Reiz – und diese Mannigfaltigkeit ist die Hauptanziehung. Einige breiten sich, wie Sprossen mächtiger Bäume, weithin aus, manche, wie das Englische und Spanische, sogar über die ganze Welt; andere, auf engeres Gebiet beschränkt, erreichen daselbst ihre volle Entwicklung, andere gedeihen bescheiden wie die am Fuß der Waldriesen aufkeimenden Blümchen von denen aber nicht wenige den lieblichsten Duft ausströmen."[24]

Diesem Buch verdankt die Nachwelt Kenntnis über Redewendungen in den drei Sprachen wie „Grüß Gott, Blindschleiche = Nandi, svuarbitul = Addio, orbettino" oder: „Glaube mir Resi,

In seinen letzten Lebensjahren war Erzherzog Ludwig Salvator schwer von der furchtbaren Krankheit Elephantitis gezeichnet.

wenn du mich ansiehst, so schlottern mir die Knie = Crode-mi, 'Sisute, cuant che tu mi çhàlis, a tu mi fàsis tramâ i zenoi = Credi-mi, Teresina, quando mi guardi, mi fai tremare le ginocchia!"[25]

Am 12. Oktober 1915 starb Ludwig Salvator in Brandeis. Die Arbeit an seinem letzten Werk über die „Auslug- und Wacht-türme Mallorcas" hatte ihn gedanklich noch oft in seine Wahl-heimat entführt. Anstatt auf seinem über alles geliebten Land-gut Miramar, „wo die Sonne mit ihrem goldenen Licht seinen Grabhügel überflutet" hätte, ruht der „Diogenes aus fürstlichem Geschlecht", wie der spanische Dichter Unamuno ihn einmal genannt hatte, nun eingemauert in einer Nische der Kapuziner-gruft in Wien.[26]

Die Estaca ist heute im Besitz von Hollywood-Star Michael Douglas, einem großen Fan des „Archidux". Er initiierte in Valldemossa das interessante Infozentrum „Costa Nord". Mit dem Weinbau allerdings hatte er weniger Glück. Die Weinstöcke, die im vorigen Jahrhundert unter einer schweren Reblausplage zu leiden hatten, gedeihen ohne die liebevolle und sachkundige Hand Catalinas nicht mehr.

Der Geist des unermüdlich forschenden, die Schönheiten der Natur auch im Kleinen, Unspektakulären suchenden „Kapitäns langer Fahrt" lebt auch auf der ionischen Insel Zakynthos weiter. Dort hat der Wiener Jurist und Salvator-Fan (www.ludwig-salvator.com) Dr. Wolfgang Löhnert die Sommerakademie Griechenland ins Leben gerufen. Sie beschert ihren Besuchern sonnige, erholsame und gleichzeitig inspirierende Tage, wie sie gewiss auch dem unkonventionellen Erzherzog gefallen hätten.

Die „rote Erzherzogin"

Erzherzogin Elisabeth Marie, „Erzsi"
Das einzige Kind von Kronprinz Rudolf
und Stephanie von Belgien
* 2.9.1883 in Laxenburg, † 16.3.1963 in Wien

„Es war an einem glühenden Spätsommertag. Die Sonne schien in die offenen Fenster, als wollte sie die Neuangekommene mit ihrem Strahlenglanz umfangen – Prinzessin Elisabeth, die an jenem Sonntag um 7 Uhr früh das Licht der Welt erblickt hatte. Die Geburt war schwer, während sechsundzwanzig Stunden hatte ich zu leiden gehabt; das Kind war stark und gut entwickelt. Kurz nach meiner Niederkunft verkündeten einundzwanzig Kanonenschüsse der Monarchie, daß ich einem Mädchen das Leben geschenkt hatte. Die Bestürzung des Kronprinzen war schmerzlich – er hatte bestimmt einen Thronerben erwartet ..."[1]

Mit diesen Worten schildert Kronprinzessin Stephanie die Geburt ihres ersten und einzigen Kindes.

Eine standesgemäße Hochzeit

Sie war im Alter von 15 Jahren mit dem damals 21-jährigen Kronprinzen Rudolf verlobt worden. Ihren Eltern, dem belgischen Königspaar, lag viel daran, sie mit einem regierenden oder zur Regierung gelangenden Fürsten Europas zu verheiraten, da sie darin eine Aufwertung ihres Landes und ihres Ansehens sahen. Und die Erzieher Kronprinz Rudolfs hatten angesichts der liberalen und freigeistigen Bestrebungen des jungen Mannes dazu geraten, ihn möglichst früh zu verheiraten, um ihn an ein geordnetes und geregeltes Leben zu gewöhnen.

Nach ihrer ersten Begegnung mit Kronprinz Rudolf notierte Stephanie: „Der Kronprinz war ungefähr von gleicher Größe wie ich. Man konnte nicht sagen, daß er schön war, jedoch war er mir nicht unsympathisch. Der Ausdruck seiner kleinen hellbraunen Augen war intelligent, aber sein Blick unstet und hart; er vertrug nicht, daß man ihm in die Augen sah. Um den von einem schwachen Schnurrbart überschatteten breiten Mund hatte er einen seltsamen, schwer zu deutenden Zug." [2]

Die Hochzeit musste mehrmals verschoben werden. Stephanie war noch ein Kind, es galt, ihre erste Menstruation abzuwarten. Schließlich wurde der Hof in Wien ungeduldig und man legte den Termin für Mai 1881 fest. Die Monate bis dahin waren für die junge Braut mit einem intensiven Bildungs- und Erziehungsprogramm gefüllt. In aller Eile erhielt sie Unterricht in Deutsch und Ungarisch, lernte tanzen und die Regeln der Etikette. Die Zeit verging für Stephanie ohne Freude: „Kein Strahl der Liebe hatte die Zeit meiner Verlobung vergoldet." [3]

Anfang Mai endlich reiste das belgische Königspaar mit Stephanie Richtung Wien. Der jungen Braut wurden überall glanzvolle Empfänge bereitet. Allein in Salzburg marschierten Dutzende Musikkapellen und Chöre auf, die Stadt war mit Triumphbögen geschmückt, es gab ein glanzvolles Dîner in der Residenz und ein Feuerwerk.

Auch die Hochzeitszeremonie am 10. Mai 1881 in der Augustinerkirche verlief höchst prunkvoll. Wieder jubelte das Volk dem jungen Paar zu, wieder erging sich die Presse in höchstem Lob. Kaiserin Elisabeth hingegen fand an ihrer jungen Schwiegertochter nichts Anziehendes. Sie sehe aus wie ein Albino, nörgelte sie, ihre kleinen, schlauen Augen seien rot umrändert, angenehm sei nur ihr schöner, weißer Teint.

Desaströse Hochzeitsnacht

Sobald der Trubel der Hochzeitsfeierlichkeiten vorüber war und sie mit ihrem Angetrauten nach Laxenburg fahren musste, stürzte die arme, kleine Stephanie in tiefe Verzweiflung: „Es war

Kronprinz Rudolfs einzige Tochter, Fürstin Elisabeth Marie
Windisch-Graetz, war in ihren jungen Jahren eine echte Schönheit.

nebelig und trüb. Fröstelnd und völlig erschöpft, lehnte ich in
den Kissen des Wagens. Allein mit einem Mann, den ich kaum
kannte, überkam mich im Zwielicht des hereinbrechenden
Abends ein Gefühl furchtbarer Bangigkeit. Die Stunde schien
nicht enden zu wollen. Der Wagen rollte zwischen Feldern auf
einsamer Straße durch eine reizlose, melancholische Gegend.
Matt nur erhellten die Laternen des Wagens den Weg. Wir wuß-
ten uns nichts zu sagen, wir waren uns völlig fremd. Vergeblich
wartete ich auf ein zärtliches oder liebevolles Wort, das mich aus
meiner Stimmung erlöst hätte. Meine Ermüdung, vermischt mit
den verworrenen Empfindungen von Furcht und Einsamkeit,

steigerte sich zu einer schweren, hoffnungslosen Verzweiflung. Ungeweinte Tränen brannten in meinen müden Augen."[4]

Es kam noch schlimmer. Die Zeitungen hatten berichtet, dass für das Kronprinzenpaar seit Wochen im Schloss Laxenburg eine Zimmerflucht von vierzehn Gemächern renoviert und neu möbliert worden sei. Stephanie erwartete helle, angenehme Räume. Stattdessen schlug ihr modrige, eisige Kellerluft entgegen, als sie ihr neues Heim betrat. Man hatte die Räume weder mit Blumen geschmückt, noch darauf geachtet, mit weichen Teppichen oder neuen hübschen Vorhängen eine wohnliche, angenehme Atmosphäre zu schaffen. Und moderne Einrichtungen wie ein Badezimmer gab es auch nicht. Zum Waschen stand ein Lavoir auf einem dreibeinigen Schemel bereit. In dieser Umgebung geriet die Hochzeitsnacht zum Desaster: „Welche Nacht! Welche Qual, welcher Abscheu! Ich hatte nichts gewußt, man hatte mich als ein ahnungsloses Kind zum Altar geführt. Meine Illusionen, meine jugendlichen Träumereien waren vernichtet. Ich glaubte, an meiner Enttäuschung sterben zu müssen."[5]

Beginn einer glücklichen Ehe

Trotz dieses wenig hoffnungsvollen Starts entwickelte sich die Ehe bald überraschend gut. Das junge Kronprinzenpaar reiste nach Budapest und Prag, wurde überall begeistert aufgenommen und bejubelt und das stärkte Stephanies Selbstbewusstsein. Sie begann Gefallen an ihren Repräsentationspflichten zu finden und Rudolf war geradezu stolz auf sie. Langsam begann er, Zärtlichkeit für seine Frau zu empfinden. Das Paar zog bald in die alte Königsburg auf dem Prager Hradschin. Hier gefiel es Stephanie um vieles besser als in dem trostlosen Laxenburg und Rudolf hatte zum ersten Mal das Gefühl, ein Heim zu haben – und einen Menschen, der zu ihm gehörte. Ein halbes Jahr nach der Hochzeit schrieb er in einem Brief sogar, er sei glücklich und richtig verliebt in Stephanie. Und Stephanie vertraute ihrer Schwester Louise an, sie habe einen richtigen Mustergatten, mit dem sie sich wunderbar verstehe.

Das junge Kronprinzenpaar Rudolf und Stephanie. Der Start ihrer Ehe war zwar misslungen, danach aber verlebten sie eine kurze Zeit des Glücks.

Das Glück des Kronprinzenpaares schien perfekt, als sich im Frühjahr 1883 Nachwuchs ankündigte. Da einer alten Tradition zufolge die Geburt eines Thronerben in der Nähe der Haupt- und Residenzstadt zu erfolgen hatte, musste Stephanie aus Prag in das wenig geschätzte Laxenburg übersiedeln. Im August reiste ihre Mutter aus Belgien an, um ihr Beistand zu leisten. Als das Kind dann zur Welt kam, war die Enttäuschung nicht zu übersehen. Man hatte einen männlichen Thronerben erwartet. Statt der für diesen Fall vorgesehenen 104 Geschützsalven wurden in

Wien, Prag und Budapest, in Lemberg, Salzburg, Triest und anderen großen Städten der Monarchie lediglich 21 Salven abgefeuert. Der Kronprinz, der sich während der Geburt in der Nähe seiner Frau aufgehalten hatte, nahm die Tatsache, nicht Vater eines ersehnten „Waclaw", sondern „nur" einer Tochter geworden zu sein, locker: Es mache nichts, flüsterte er der weinenden Stephanie zu, eine Tochter sei ohnehin viel herziger.

Als die frisch gebackene Mutter nach Schwangerschaft und Geburt zum ersten Mal wieder ihre Garderobe probierte, machte sie eine merkwürdige Entdeckung: Ihre Kleider waren zu kurz. Die blutjunge Stephanie war ein gewaltiges Stück gewachsen. Jetzt überragte sie den Kronprinzen.

Drei Tage nach der Geburt fand die Taufe des Kindes statt. In Anwesenheit des Kaisers, der Kaiserin und der gesamten Familie erhielt es den Namen von Stephanies heiliger Vorfahrin aus dem Hause Arpad, den auch ihre Schwiegermutter trug: Elisabeth, und dazu Marie. Die Städte des Reiches wetteiferten darin, die junge Mutter zu beschenken. Die Stadt Wien überreichte ihr ein Armband aus Brillanten und Smaragden. Zur Feier des Ereignisses gewährte der Kaiser eine Amnestie, es wurden Asyle für Findelkinder, Mütter- und Säuglingsspitäler gegründet, die den Namen Stephanie trugen. Der Kaiser ließ 50 000 Gulden an Waisenkinder verteilen.

Diese großzügige Spende war jedoch nicht viel mehr als ein Tropfen auf den heißen Stein. In Wien lebten zu jener Zeit Hunderttausende in bitterstem Elend. Die Großbaustellen der Ringstraße und der I. Wiener Hochquellenleitung sowie die Ansiedelung zahlreicher Industrien hatten Menschen aus allen Teilen der Monarchie angelockt. Die Einwohnerzahl Wiens hatte sich in rasantem Tempo verdoppelt und verdreifacht. Entsprechend katastrophal waren die Wohn- und Lebensverhältnisse. Wegen der hohen Mieten hausten mehrere Familien oft in einem einzigen Raum, Schichtarbeiter teilten sich als „Bettburschen" sogar die Schlafstatt. Dass diese verheerenden Verhältnisse zu sozialen Unruhen führten, war ganz natürlich. Der Kaiser sah das Elend zwar, für soziale Probleme aber hatte er kein Verständnis.

Und dass sich seine kleine, praktisch mit dem goldenen Löffel im Mund geborene Enkelin Elisabeth Marie später gerade für soziale Fragen interessieren sollte, konnte er nicht ahnen.

Wenige Wochen nach der Geburt Elisabeths eröffnete Kronprinz Rudolf die „Elektrische Ausstellung" in Wien mit dem Satz: „Und ein Meer von Licht erstrahle aus dieser Stadt und neuer Fortschritt gehe aus ihr hervor!"[6] Diese Worte waren für ihn keine leere Floskel, sie entsprachen genau dem, was er dachte und fühlte. Rudolf war ein fortschrittlicher Geist, er war liberal und antiklerikal eingestellt, die Naturwissenschaften, Forschung, neue Ideen, das alles war ihm wichtig. Das Gehabe der Hocharistokratie, alles Konservative und Frömmelnde war ihm zuwider. Mit dieser Haltung aber stand er im krassen Gegensatz zu seiner jungen Frau. Sie entwickelte sich immer mehr zu einer selbstbewussten Repräsentantin des Staates, zu einer „First Lady".

Der Bruch zwischen den Eltern

Sich mit dem Gedankengut ihres Mannes anzufreunden, seine liberal gesinnten Gesprächspartner zu akzeptieren und ins Volk „hinunterzusteigen", versuchte sie nur ein einziges Mal. Als fesches Bürgermädchen verkleidet, zog sie mit dem Kronprinzen, der ebenfalls inkognito unterwegs war, eine Nacht lang durch diverse „Cafés chantants" und andere Lokale in und außerhalb der Stadt. Sie war entrüstet: „Die Luft war überall erstickend; Man saß bis zum Morgengrauen an ungedeckten, schmutzigen Tischen, neben uns spielten Fiakerkutscher Karten, pfiffen und sangen. Man tanzte, Mädchen sprangen auf Tische und Sessel und sangen immer wieder die gleichen sentimental-ordinären Schlager, die ein furchtbares Orchester nicht müde wurde zu begleiten. Gern hätte ich mich darüber amüsiert, aber den Aufenthalt in dieser verrauchten Kneipe fand ich zu abstoßend, unwürdig und noch dazu langweilig. Ich begriff nicht, was der Kronprinz daran fand."[7]

Der liberale, volksnahe „Revoluzzer", der Reformer, der politisch neue Wege gehen wollte, und die ehrgeizige, prestigesüchtige, spießige Aristokratin: Am Ehehimmel des Kronprinzenpaares zeigten sich erste dunkle Wolken. Man begann getrennte Wege zu gehen, Gleichgültigkeit stellte sich ein. Bis sich eine massive Gewitterfront zusammenballte und mit elementarer Kraft entlud: Kronprinz Rudolf hatte sich auf einem seiner vielen Ausflüge in zweifelhafte Etablissements mit einer venerischen Krankheit angesteckt. Auch Stephanie erkrankte. Schließlich mussten sie die Ärzte mit der niederschmetternden Tatsache konfrontieren, dass sie nie wieder Kinder bekommen könne.

Von nun an war die Atmosphäre zwischen den Ehepartnern, die sich einst gegenseitig liebevoll Coco und Coceuse genannt hatten, vergiftet. Die „kühle Blonde" zögerte nicht, ihrem Mann in aller Öffentlichkeit Vorhaltungen zu machen, ihn mit geradezu krankhafter Eifersucht zu verfolgen und ihn wegen seines Umgangs mit Heurigensängern, Fiakern und Vorstadtdamen bloßzustellen. Schließlich vermieden es die Ehepartner, einander zu begegnen. Rudolf betäubte sich mit Alkohol, Drogen und flüchtigen Liebesaffären. Sein Gesundheitszustand verschlechterte sich zunehmend. Er wurde unruhiger, gereizter, litt unter Stimmungsschwankungen und überanstrengte sich permanent. Er trug sich mit Scheidungsgedanken.

Das Drama von Mayerling und die Folgen

Dann aber kam alles anders und um vieles grauenhafter als in den schlimmsten Albträumen: Kronprinz Rudolf ging am 30. Jänner 1889 in Mayerling in den Freitod und riss die blutjunge Mary Vetsera mit in den Tod. Stephanie: „Mit einer jähen und grausamen Geste war der Mann von mir gegangen, dem ich acht Jahre zuvor als Kind übergeben worden war. Ich war nichts als ein waidwundes Wesen, ich wehrte mich mit aller Kraft gegen das Ungeheuer Schicksal, das mich angesprungen, nachdem es jahrelang schleichend mich umwittert hatte. Dennoch, der Tod hatte mich von einem angstvollen, sorgenvollen und trostlosen Zusammenleben erlöst – allein, um welchen Preis!"[8]

Zumindest in diesem Punkt herrschte bei den einstigen Ehepartnern Übereinstimmung. In seinem Abschiedsbrief schrieb Rudolf: „Liebe Stephanie! Du bist von meiner Gegenwart und Plage befreit; werde glücklich auf Deine Art. Sei gut für die arme Kleine, die das einzige ist, was von mir übrig bleibt … Ich gehe ruhig in den Tod, der allein meinen guten Namen retten kann. Dich herzlich umarmend, Dein Dich liebender Rudolf."

Die Nachricht vom Tod des Kronprinzen schlug in Wien ein wie eine Bombe. Weil nicht sein konnte, was nicht sein durfte, wurde das Thema Freitod zum allerhöchsten Tabu. Mary Vetsera musste in aller Heimlichkeit bei Nacht und Nebel in Heiligenkreuz beerdigt werden. Gerätselt aber wurde dennoch über den Grund für Rudolfs frühen Tod. War es seine Krankheit, der unlösbare Vater-Sohn-Konflikt, geplatzte Geheimpläne in seiner Ungarn-Politik oder womöglich doch eine Schwangerschaft Mary Vetseras?

Die Zeitungen jedenfalls berührten keines dieser Themen und übertrafen einander in schwülstiger Schönfärberei. Im Wiener Sonn- und Montagsblatt stand unter dem Titel „An Kronprinz Rudolf's Bahre" zu lesen: „Da liegst Du nun, gebettet im Sarge zum ewigen Todesschlafe, vereint mit Deinen erlauchten Ahnen und Vorfahren, die Dir als leuchtendes Vorbild dienten in Deinem leider nur zu kurzen Erdenwallen. Uns aber ließest Du zurück, aufgelöst in Schmerz und Wehmuth … so ist es ferner die Erinnerung an Deine holdselige, in vollster Jugendblüthe erstrahlende Gattin, die Gefährtin Deines Lebens, welche Du Dir nach freier Herzenswahl erkoren; die Erinnerung an Dein einziges liebliches Kind, an Deine Geschwister, die Du alle mit der ganzen Gluth eines großen Herzens liebtest …"[9]

Zum Zeitpunkt der Tragödie von Mayerling war die kleine Elisabeth im sechsten Lebensjahr. Sie hatte ihren Vater nicht oft gesehen und von den Zerwürfnissen in der Ehe ihrer Eltern nicht viel mitbekommen. Auch davon, dass die Leiche des Kronprinzen bei Nacht unter Fackelschein in die Burgkapelle gebracht und dort aufgebahrt wurde, dass in dem sonst so lebenslustigen Wien Trauerstimmung eingekehrt war und von allen Häusern schwarzer Flor wehte, bemerkte sie nichts. Elisabeth verbrachte diese Zeit in ihrem Zimmer. Man behütete sie aufs sorgfältigste und ließ sie keinen Schritt hinaus tun. Ihre Mutter führte sie schließlich an die Bahre ihres friedlich mit einem weißen Kopfverband daliegenden Vaters, bezeichnete ihre Stirn mit einem Kreuz und brachte sie dann wieder in ihr Kinderzimmer zurück.

Für die „holdselige Gattin", die von ihrer Schwiegermutter Elisabeth gerne als das „hässliche Trampeltier" bezeichnet wurde, brachen nach Rudolfs Tod schwere Zeiten an. In der Hofburg schlug ihr frostige Ablehnung entgegen – man rechnete ihr eine Mitschuld am frühen Tod des Kronprinzen zu. Dem Hofzeremoniell zufolge war sie als Kronprinzessin nach der Kaiserin die zweite Frau im Staat. Diese Stellung durfte sie nur einnehmen, wenn Elisabeth in Wien war, in ihrer Abwesenheit war es ihr nicht gestattet, sie zu vertreten. Das schmerzte und empörte sie. Sie fühlte sich zurückgesetzt und abgelehnt – und ihre Gefühle trogen sie nicht. In dieser Zeit war sicher die kleine Elisabeth der einzige Mensch, der sie liebte und ihr Wärme entgegenbrachte.

Die ersten vier Monate nach dem Tod des Kronprinzen verbrachte Stephanie mit der kleinen Elisabeth auf Schloss Miramare. Dort hoffte sie, der gewitterschwülen Luft des Wiener Hofes entkommen zu können, wie sie in ihren Erinnerungen schreibt. Das Kind war ihr in dieser Zeit ein großer Trost, hier hatte sie auch Gelegenheit, viel Zeit mit ihm zu verbringen.

Zurück in Wien ergaben sich für Stephanie keine rosigen Perspektiven. Ausgerechnet Laxenburg, das sie nie gemocht hatte, wurde ihr als Witwensitz zugewiesen. Am Wiener Hof betrachtete man ihre Anwesenheit als überflüssig. Stephanie bat ihren Vater empört um Intervention, als sie bemerkte, dass man versuchte, ihr den „letzten Platz" zuzuweisen. Seinem Einschreiten war es zu verdanken, dass sie den Titel Kronprinzessin Witwe erhielt, allerdings ohne den Rang einer Kronprinzessin bei offiziellen Anlässen, der wurde Erzherzogin Marie Therese zugesprochen, der Witwe von Erzherzog Karl Ludwig, dem Bruder des Kaisers.

Als Stephanie nach Laxenburg „verfrachtet" wurde, war sie erst 25 Jahre alt. Jetzt war es für sie an der Zeit, Ablenkung zu finden. Sie begann, Mal- und Gesangsstunden zu nehmen, besuchte Ausstellungen, Theater und Konzerte. Und ähnlich wie zuvor Kaiserin Elisabeth entdeckte sie, dass das Leben weit weg vom Wiener Hof angenehmer und anregender war. In den folgenden Jahren war sie nahezu ununterbrochen auf Reisen. Malta, Brindisi, Korfu, dann Palästina, Ägypten und Sizilien, schließlich Skandinavien und St. Petersburg, alles war ihr lieber als das trostlose Laxenburg. Ihre Tochter Elisabeth blieb allein zurück. Fast schien es, als sei die Halbwaise zur Vollwaise geworden.

Elisabeth hatte viel von den Anlagen ihres Vaters geerbt. Schon früh zeigten sich bei ihr Charakterzüge des Kronprinzen. Sie war eigenwillig, heißblütig, aufbegehrend und zügellos. Möglich, dass sich Rudolf dem Kind aus diesen Gründen besonders nah fühlte. In seinem Testament jedenfalls sorgte er mehr für seine Tochter als für seine Gattin. Er machte sie zur Universalerbin seines riesigen Vermögens, Stephanie bekam lediglich das Nutzungsrecht bis zu einer neuerlichen Verheiratung. Die Vormundschaft über das Kind übertrug Rudolf dem Kaiser, vermutlich wollte der liberal denkende Kronprinz damit verhindern, dass die strenggläubige Katholikin Stephanie ihre Tochter einem Kloster anvertraute oder mit ihr in ihre Heimat Belgien zurückkehrte.

Der Kaiser als Vormund

Der Kaiser nahm die ihm übertragene Vormundschaft sehr ernst. Der bereits über 60-Jährige liebte seine Enkelin „Erzsi" über alles. Schon als sie noch ein kleines Kind war, hatte er ihr bei seinen wenigen Besuchen in Laxenburg erlaubt, ihm den Bart zu zerzausen. Jetzt erfüllte er ihr jeden Wunsch, spielte mit ihr und unternahm Ausflüge in den Tierpark Schönbrunn, wo sie gemeinsam Bären, Mähnenschafe und Gämsen mit Brot fütterten. Da die kleine Erzherzogin Tiere über alles liebte, durfte sie in der Fasanerie in Schönbrunn eine eigene kleine Menagerie aus Hunden, Katzen, Hühnern, Hasen und sogar einer Kuh halten.

Für die Erziehung Elisabeths war Gräfin Elisabeth Coudenhove zuständig. Sie trat nach der Hochzeit von Elisabeth Marie in den Orden der Salesianerinnen ein. Wie verbunden Elisabeth dieser stets aufrechten und hilfsbereiten Frau ihr Leben lang blieb, die ihr eigentlich die Mutter ersetzt hatte, zeigte sich in ihrem Testament. Sie vermachte den Salesianerinnen ein Legat von 10 000 Schilling. Dafür, dass Elisabeth eine umfangreiche Allgemeinbildung erhielt, sorgte die Gouvernante Eugénie Touzet. Sie und zahlreiche namhafte Wiener Gelehrte sind dafür verantwortlich, dass sie Englisch, Französisch, Italienisch und Ungarisch sprach und mit den Fächern Literatur, Geographie, Geschichte, Botanik, Mineralogie, Zoologie und Musik vertraut wurde. In Laxenburg hatte sie auch Gelegenheit zu reiten und Tennis zu spielen.

Vom Fortschritt der Erziehung überzeugte sich der kaiserliche Vormund oft höchstpersönlich. Oft kam es vor, dass er unangemeldet erschien, um nach dem Rechten zu sehen, und Gräfin Coudenhove hatte ihm regelmäßig Bericht zu erstatten. Auch Elisabeths Gesundheit und ihr Aussehen waren ihm ein echtes Anliegen. Ob sie eine Zahnregulierung bekam oder eine Verletzung am Bein behandelt werden musste, er kümmerte sich um alles. Oft machte er sich Sorgen, weil „Erzsi" blass und mager aussah, dann wieder, weil sie unter Magenschmerzen und Migräne litt. Er beobachtete, wie sie heranwuchs und sich zu einer groß gewachsenen, stattlichen Erscheinung entwickelte. Im Mai 1898 stellte er hochzufrieden fest, dass sie voller geworden und nun ein hübsches, erwachsenes Mädchen sei.

Am 10. September 1898 traf das Kaiserhaus die nächste Schreckensnachricht: Kaiserin Elisabeth fiel in Genf einem Mordanschlag zum Opfer. Sie wurde am 15. September in der Hofburgkapelle aufgebahrt. Unter den ersten Kränzen, die an ihrem Sarg niedergelegt wurden, war der aus weißen Rosen mit einer weißen Schleife gebundene ihrer Enkelin. „Erzsi" hatte ihre unstete, ständig auf Reisen gehende Großmutter zwar nicht oft gesehen,

Kaiser Franz Joseph liebte seine Enkelin „Erzsi" über alles. Er erfüllte ihr jeden Wunsch, erlaubte ihr, Tiere zu besitzen und überwachte ihre Erziehung.

und umgekehrt hatte die exzentrische Kaiserin dem heranwachsenden Mädchen auch kaum Liebe und Zuneigung gezeigt, in ihrem Testament aber bedachte sie ihre Enkelin höchst großzügig, die von ihr schon kostbare Juwelen erhalten hatte, als sie nach dem Tod ihres Sohnes Rudolf ihren Schmuck verschenkte. Jetzt bekam sie auch noch ein Fünftel ihres Besitzes, der immerhin über zehn Millionen Gulden in Wertpapieren umfasste. „Erzsi" erbte auch die wertvolle Bibliothek der Kaiserin mit kostbaren Hungarica, von der sie sich später ihr Leben lang nicht trennte.

Dank der Erbschaften ihres Vaters und ihrer Großmutter war die groß gewachsene, bildhübsche Elisabeth ausgesprochen wohlhabend. Das machte sie zu einer der begehrtesten „Partien" des Landes. Es bedeutete aber auch eine Gefahr für sie. Wie groß diese war, sollte sich bald zeigen.

Verhängnisvolle Begegnung

Das neue Jahrhundert brach für Elisabeth Marie glanzvoll an. Am 6. Jänner 1900 lud Kronprinzessin Stephanie in ihren Appartements in der Hofburg zu einer „Soirée dansante". Zu diesem Anlass erschien ihre Tochter zum ersten Mal in Hofgesellschaft. Ihren ersten großen Auftritt hatte Erzherzogin Elisabeth Marie drei Tage später. Beim Hofball am 9. Jänner 1900 drehte sich buchstäblich alles um die schöne, gerade 16-jährige Enkelin des Kaisers.

Der stolze Großpapa hatte höchstpersönlich angeordnet, dass seine Enkelin an diesem Abend in besonders kleidsamer Toilette erscheinen solle. Dieser Wunsch war ihm nur zu gern erfüllt worden. Elisabeth Marie trug ein weißes, mit Diamantpünktchen übersätes Atlaskleid, an dessen Rock zierliche Maiglöckchen-Girlanden zwei bauschende Volants trugen. Groß gewachsen, goldblond und mit hellem Teint, wirkte sie nahezu überirdisch schön.

Dass sie auch ganz genau wusste, was sie wollte, stellte sie sogleich unter Beweis. Sie hatte unter den Ballgästen einen jungen, schneidigen Offizier entdeckt, der ihr auf Anhieb gefiel. Ihn ließ sie durch den Zeremonienmeister immer wieder zum Tanz befehlen. Es war Otto Prinz Windisch-Graetz, Oberleutnant im Ulanenregiment Erzherzog Otto Nr. 1, gerade 27 Jahre alt.

Dieser Hofball war der erste für Elisabeth Marie und der letzte für ihre Mutter Stephanie. Sie hatte sich dazu entschlossen, eine zweite Ehe einzugehen, und zwar mit dem aus einer alten ungarischen Familie stammenden Elemér Lónyay, den der Kaiser erst 1896 in den Grafenstand erhoben hatte. Er war Stephanie nicht ebenbürtig, das wusste sie und aus diesem Grund hatte sie die Beziehung auch lange geheim gehalten. Ende 1899 schließlich bat sie den Kaiser um die Einwilligung zur Heirat. Er war nicht erfreut, schließlich erteilte er jedoch seine Zustimmung. Und sagte ihr eine Jahresapanage von 100 000 Gulden zu.

Elisabeth Marie hingegen war nicht so leicht umzustimmen. Sie kannte Lónyay zwar nicht, hatte ihn lediglich einmal flüchtig gesehen, aber sie hasste ihn. Schließlich hatte sie unter dem Entschluss ihrer Mutter zu leiden. Die 17-Jährige verlor durch ihn den Rest familiärer Geborgenheit, der ihr geblieben war. Und er bescherte ihr eine Reihe von Unannehmlichkeiten: Die Hochzeit sollte am 19. März 1900 auf Schloss Miramare stattfinden. Elisabeth durfte ihre Mutter zwar an die Adria begleiten, einen Tag vor der Trauung aber musste sie abreisen – wie allen anderen Mitgliedern des Kaiserhauses war es ihr verwehrt, an der nicht standesgemäßen Trauung teilzunehmen. Wie der Kaiser auch, übermittelte sie ihre Glückwünsche telegrafisch.

Diese von Stephanie mit Hartnäckigkeit erzwungene Heirat jenseits der Konventionen weckte auch Elisabeth Maries Widerstandsgeist. Jetzt war auch sie geradezu trotzig dazu entschlossen, ihre Heirat mit Otto Windisch-Graetz durchzusetzen. Der kaiserliche Großpapa hatte vehement abgelehnt, als sie ihn um die Erlaubnis bat. Das kaiserliche Argument lautete: keine Verlobung vor dem 18. Geburtstag.

Da es für seine Enkelin nun auch untragbar war, in dem „nur" gräflichen Haushalt ihrer Mutter zu leben, sorgte der Kaiser dafür, dass Elisabeth, die nun einen eigenen Hofstaat hatte, nicht allzu viel in Wien war. Sie hielt sich eine Zeit lang in Schloss Hetzendorf auf, dann in Traunkirchen im Salzkammergut, im Herbst kam sie nach Laxenburg und über den Winter expedierte sie der Kaiser nach Miramare und Abbazia. Gegen ihren Entschluss, Otto Windisch-Graetz zu heiraten, halfen alle seine Maßnahmen jedoch wenig. Das junge Paar traf immer wieder zusammen, langsam wurden die Bande zwischen der Kronprinzentochter und dem um zehn Jahre älteren Oberleutnant enger.

Schließlich gab der Kaiser nach. Allen Ernstes konnte er seiner Enkelin keinen Wunsch abschlagen. Später hielt sich hartnäckig das Gerücht, er habe Windisch-Graetz zu sich gebeten und dieser sei angesichts des „unverhofften" Glücks völlig konsterniert gewesen und hätte gestammelt, er könne die Erzherzogin nicht heiraten, er sei schon verlobt. Der Kaiser teilte dies seiner Enkelin mit. Sie aber begann laut zu schreien, sie wolle diesen Mann und keinen anderen, der Kaiser habe es ihr versprochen, er solle ihn eben zur Heirat zwingen. Worauf der Kaiser Windisch-Graetz abermals zu sich rief und ihm klar machte, er sei sein oberster Kriegsherr und dies sei ein Befehl ...

Eine unglückliche Ehe

Ob Wahrheit oder Erfindung – Otto Windisch-Graetz „gehorchte". Am 13. Oktober 1901 wurde in Schloss Hetzendorf offiziell Verlobung gefeiert. Und der Kaiser stattete seine Lieblingsenkelin überaus prunkvoll aus. Am 19. und 20. Jänner war der Trousseau, die Brautausstattung, in der Hofburg zur öffentlichen Besichtigung ausgestellt. Lange Schlangen von Besuchern konnten 140 Bettgarnituren, 200 Tischtücher aus Damast, 1400 Speiseservietten und zahllose andere Wäschestücke bewundern. Dazu die Garderobe, edle Straßenkostüme, 60 Blusen, Pelze, Mäntel und Capes, Reitkleider, Schlafröcke, Hüte, Schuhe und Schirme. Und dann die Juwelen! In der Zeitung stand zu lesen: „In erster Linie fiel das Geschenk des Kaisers auf, eine unvergleichlich schöne Rivière, welche aus 32 haselnußgroßen Diamanten von reinstem Wasser besteht und durch ein dazu passendes, gleich kostbares Diadem ergänzt wird. (Letzteres wird die Erzherzogin bei der Trauung tragen.) ... Unter den Roben fällt zunächst jene auf, welche die Erzherzogin Elisabeth anläßlich der Renunciationsfeier tragen wird. Sie ist aus himmelblauer Seide (Crêpe de Chine de Météore) mit einem Überwurf von zartestem silberdurchwirkten Spitzenstoff, auf dem man duftige blaue Sammtapplicationen sieht ... Ein Meisterwerk der Toilettekunst ist das Brautkleid aus weißem Duchesse, das von breiten echten Spitzen umgeben ist. Die Brauttoilette ist überhaupt nur mit Spitzen decorirt und zeigt keine Blüthen …"[10]

Obwohl der Kaiser „Erzsis" Bräutigam noch schnell in den Fürstenstand erhob, war er nicht „standesgemäß". Er entstammte keinem regierenden Haus. Elisabeth Marie musste daher für sich und ihre Kinder die Thronverzichtserklärung leisten. Der feierliche Staatsakt der Renunziation ging so vor sich: „Zwischen brennenden Kerzen stand das Kruzifix, das Kreuz des Kaisers Ferdinands II. Elisabeth Maria trat zum Tisch, zog den Handschuh von der Rechten und legte die Schwurfinger auf das Evangelienbuch, das ihr der Wiener Weihbischof entgegenhielt. In die Linke nahm sie ein Schriftstück mit der Eidesformel, die sie Wort für Wort ablas. Der Kaiser verzog keine Miene, die Erzherzöge standen wie Statuen. Als die Erzherzogin geendet hatte, trat sie an einen Seitentisch und unterschrieb die Verzichtsurkunde. Der Staatsnotar drückte das Siegel auf, der Kaiser erhob sich. Mit immer noch elastischem Schritt verließ der Zweiundsiebzigjährige die Geheime Ratsstube …"[11]

Auf die Renunziation folgten Soirées in Hetzendorf und in der Hofburg und schließlich wurde am 23. Jänner 1902 in der Josephikapelle der Hofburg aus der Erzherzogin Elisabeth Marie die Fürstin zu Windisch-Graetz.

Das frisch gebackene Ehepaar wurde vom Kaiser zum Südbahnhof begleitet, die Enkelin küsste ihrem Großvater glücklich die Hand, dann dampfte der Hofsonderzug in die Hochzeitsreise. Es ging zuerst nach Veldes, dem heutigen Bled in Slowenien, wo sich das Paar in dem romantisch gelegenen Schloss der Familie Windisch-Graetz von den Strapazen der Hochzeit erholte. Von dort aus unternahm es dann die mehrwöchige Hochzeitsreise, die sie über Florenz, Rom, Neapel und Malta nach Ägypten und Palästina und auf dem Rückweg nach Konstantinopel und Athen führte. Überall wurde das Paar herzlich aufgenommen, zu Ehren der hohen Gäste wurden Empfänge und Festbankette gegeben.

Nach mehr als drei Monaten unbeschwerten Reisens kehrte das Paar im Mai 1902 nach Wien zurück. Der Kaiser hatte Fürst

Windisch-Graetz inzwischen in den Generalstab befördert, er hatte allerdings in Prag Dienst zu tun. Für die Übersiedelung war schon vor der Hochzeit vorgesorgt worden. „In den jüngsten Tagen wurde der Mitbesitzer der Villa Gröbe in Prag, Herr Pfeifer, telegraphisch nach Wien berufen, um den Mietvertrag für die Villa, welche bekanntlich für den Aufenthalt der Erzherzogin Elisabeth und des Prinzen Otto Windisch-Graetz nach ihrer Vermählung bestimmt ist, zu perfectionieren", stand in der Zeitung zu lesen. „Für die drei Jahre, für welche das hohe Paar in Prag zu weilen gedenkt, sind K 80 000 Mietzins festgelegt worden. Die Villa Gröbe ist eine der prächtigsten Villen Prags und wurde mit einem Kostenaufwande von mehreren Millionen erbaut. Sie hat große Weingärten und Stallungen für sechs Paar Pferde und 60 Kühe." [12]

Die ersten Monate verliefen für das junge Paar fröhlich und harmonisch. Sie eilten in Prag von einer glanzvollen Einladung zur anderen, unternahmen kürzere Reisen und verstanden sich prächtig. Im Herbst 1902 kündigte sich ein Kind an. Das Paar reiste an die Riviera, das milde Klima sollte Elisabeth die Schwangerschaft erleichtern. Im Februar aber erkrankte sie, musste operiert werden und erlitt eine Fehlgeburt. Aber nicht nur das war ein Schock für die junge Frau. Einen Tag vor der Operation verlangte ihr Mann, dass sie ein Testament machen und ihm ihr gesamtes Vermögen überschreiben solle. Seine Begründung war, wenn ihr etwas zustoße, stehe er sonst mit leeren Händen da. Plötzlich fiel es ihr wie Schuppen von den Augen: Er hatte es auf ihr Vermögen abgesehen!

Ziemlich genau ein Jahr später, drei Tage vor der Geburt ihres ersten Sohnes Franz Joseph, gab sie dem Drängen ihres Mannes dann doch nach und verfasste ein Testament, in dem sie ihm ihr gesamtes Vermögen und ihren Schmuck hinterließ. Otto Windisch-Graetz suchte bald danach um einen einjährigen Urlaub an, nach dessen Ablauf schied er aus dem Militärdienst aus. Um Geld brauchte er sich jetzt keine Sorgen mehr zu machen und mit der Verwaltung des Vermögens war er ohnehin schon seit der Hochzeit betraut.

Nachwuchs im Hause Windisch-Graetz: 1903 wurde als
erster Sohn Franz Joseph geboren. Bald zogen dunkle Wolken
am Ehehimmel auf.

Im April 1905 brachte Elisabeth Marie ihren zweiten Sohn,
Ernst Weriand, zur Welt. Da die Räumlichkeiten in der Villa
Gröbe nicht mehr ausreichten, übersiedelte die nun angewach-
sene Familie wenig später in das Schloss Ploschkowitz in Nord-
böhmen, um dessen Überlassung Elisabeth ihren Großvater
gebeten hatte. Das Barockschloss bot zwar weit mehr Platz als
die Prager Villa, Elisabeth Marie wurde aber auch mit diesem
neuen Wohnsitz nicht froh. Er lag 60 Kilometer von Prag ent-
fernt, bald fühlte sich die junge Frau vom gesellschaftlichen Le-

ben abgeschnitten. Sie begab sich immer öfter auf Reisen. Ihre beiden jüngsten Kinder, der 1907 geborene Rudolf und die 1909 geborene Tochter Stephanie, „Feeli", kamen dennoch auf diesem Schloss zur Welt. Rudolf machte seinem Namen Ehre. Er entwickelte sich zum Sorgenkind der Familie, allerdings auf andere Art als sein Großvater: Er war kränklich und leicht schwachsinnig.

Nach der Geburt der Kinder begannen für Elisabeth Marie Jahre der Unruhe und der Sorgen. Sie war oft krank, musste sich mehrmals Operationen und Behandlungen unterziehen und entwickelte eine an ihre Großmutter, Kaiserin Elisabeth, erinnernde Unrast. Ständig auf Reisen, pendelte sie mit ihrer immer ein wenig kränkelnden Kinderschar zwischen Abbazia, Schönbrunn, Berchtesgaden, Miramare und Schloss Schönau an der Triesting, das ihr der Kaiser 1911 schenkte, hin und her. Sie war auf der Flucht vor den dicken, düsteren Mauern von Schloss Ploschkowitz – und vor ihrem Ehemann.

Otto Windisch-Graetz begleitete seine Frau anfangs noch. Dann aber wurde ihm nicht nur das unstete Leben lästig, sondern auch die ganze Familie. Er blieb Frau und Kindern immer öfter fern, vergnügte sich auf der Jagd, beim Reiten oder Polospiel. Dabei, dass die Beziehung zwischen den Ehepartnern abkühlte, blieb es aber nicht. Die Gleichgültigkeit schlug in Hass um. Die Unterschiede zwischen den Ehepartnern zeigten sich dramatisch. Elisabeth Marie entwickelte sich zu einer eigenwilligen, selbstbewussten Frau, die mit den Jahren zunehmend herrisch wurde. Bei ihrem Mann hingegen festigten sich Charakterzüge wie geistiges Desinteresse, Eitelkeit, Spielleidenschaft und Geldgier.

Die Ehe zerfällt

Das alles waren schon ausreichende Gründe für heftige Auseinandersetzungen, es kam aber noch etwas dazu: Otto Windisch-Graetz war physisch nicht in der Lage, seinen ehelichen Pflichten nachzukommen. Aus dieser traurigen Tatsache machte seine

Das Fürstenpaar Otto und Elisabeth Windisch-Graetz. Nach der Geburt der Kinder gingen die Ehepartner immer öfter getrennter Wege.

Frau kein Hehl. Laut ihrem Biographen Friedrich Weissensteiner, auf dessen langjähriger Forschungsarbeit diese Porträtskizze in der Hauptsache beruht, zeigte sie in der Beantwortung der Scheidungsklage große Offenherzigkeit: „Er hat zweifellos seine Gesundheit durch jugendliche Exzesse so geschwächt, dass er nicht als vollwertiger Mann in die Ehe getreten ist. Ich war unerfahren und habe selbstverständlich alles geduldet und über mich ergehen lassen, so lange, bis ich infolge der perversen Veranlagung meines Gatten erkrankte, mich Ärzten anvertraute und infolgedessen Einstellung jedes derartigen Verkehrs auf ärztlichen Rat verlangen mußte, um nicht durch die Manipulation meines Gatten in einen Zustand von Nervenzerrüttung zu geraten ..."[13]

Außer Haus scheint der Fürst mit Potenzschwierigkeiten weniger gekämpft zu haben. Seine Frau musste erfahren, dass er ständig auf der Suche nach amourösen Abenteuern war. In den Jahren zwischen 1911 und 1914 hatte er regelmäßige Beziehungen zu einer Dame der Wiener Halbwelt namens Vogt-Ferida. Er besuchte sie mehrmals wöchentlich und verwöhnte sie mit Aufmerksamkeiten und Geschenken.

Elisabeth Marie entpuppte sich auch nicht als Kind von Traurigkeit. Die liebeshungrige Fürstin lachte sich in Brioni, Miramare und Abbazia junge Offiziere an, mit Vorliebe der Marine. Sie genoss ihr Leben in vollen Zügen. Meist blieb es bei flüchtigen Abenteuern, die zwar in aller Heimlichkeit vor sich gingen, dennoch aber am Wiener Hof hinter vorgehaltener Hand genussvoll kolportiert wurden. Sehr zum Ärger des Kaisers, dem auch in dieser Hinsicht nichts erspart blieb. In dieser Zeit war es ihm lieber, nichts von seiner Enkelin zu hören, und war sie in Wien, atmete er auf, wenn sich die Tür hinter ihr schloss.

Zum Tagesgespräch schließlich wurde Elisabeth Maries Liaison mit dem jungen, feschen, hochintelligenten U-Boot-Kapitän Egon Lerch. Dieser Mann war die große Liebe und die sexuelle Erfüllung ihres Lebens. Er kam erst spät nachts in ihre Zimmer und ging in aller Früh, wenn das Personal noch schlief. Mit ihm unternahm sie sogar Reisen. Die Etikette wurde aber gewahrt. Friedrich Weissensteiner: „Die Fürstin stritt das Verhältnis zu Egon Lerch in ihrer Klagebeantwortung nicht ab ... „Es wäre unter meiner Würde“, erklärte sie mit trotzigem Stolz, „wollte ich leugnen, daß ich mit Linienschiffsleutnant Egon Lerch Beziehungen unterhalten habe. Bei der andauernden konsequenten Vernachlässigung durch meinen Gatten habe ich Verkehr mit geistig hochstehenden Männern gesucht. Zu diesen gehörte Linienschiffsleutnant Lerch, eine Persönlichkeit, deren Heldentaten in dem Buche der österreichschen Geschichte mit Goldlettern eingetragen sind, eine Persönlichkeit, die in allem und jedem turmhoch über den beschränkten Gesichtskreis meines leider so wenig intelligenten Mannes stehend mein Interesse erweckt hat ...“ [14]

Die Romanze fand ein jähes und schreckliches Ende. Am 12. August 1915 wurde Lerchs U-Boot in der Adria versenkt, er starb den „Heldentod“.

Für Elisabeth Marie brach mit diesem Schicksalsschlag eine Welt zusammen. Jetzt wollte sie auch einen Schlussstrich unter ihre Ehe ziehen. Der greise Kaiser, der für die Liebesbeziehung seiner Enkelin zu Lerch noch Verständnis gezeigt hatte, lehnte diesen Formalakt jedoch entrüstet ab. Er wollte keinen öffentlichen Skandal, und schließlich ging es um enorme Vermögenswerte. Um die Scheidung zu verhindern, sagte er Windisch-Graetz eine jährliche Apanage von 50 000 Kronen zu. Das wirkte. Bald trat Ruhe ein.

Ein Jahr nach dem Tod des Kaisers reichte Elisabeth Marie offiziell die Scheidung ein. Ihr Mann reagierte vorerst nicht. Erst als sie ihm 1919, ein Jahr nach Ende des Ersten Weltkrieges, die Apanage kündigte, brachte er wenige Tage nach Erhalt der letzten Zahlung von sich aus die Scheidungsklage ein. Jetzt aber fuhr er mit schweren Geschützen auf. Mit der Begründung, seine Frau sei zur Erziehung nicht geeignet, beantragte er die Auslieferung der Kinder beim zuständigen Pflegschaftsgericht. Im Scheidungsverfahren selbst kam bald ein Vergleich zustande, man einigte sich auf getrennten Wohnsitz. Der Kampf um die Kinder aber entbrannte mit voller Härte.

Der Kampf um die Kinder

„Ihre skandalumwitterte Ehe mit Otto Windisch-Graetz wurde 1924 geschieden", berichtet die Chronik von Schönau. „Während des sich mehrere Jahre hinziehenden Scheidungsprozesses spielten sich in Schönau peinliche Szenen ab, als Frau Windisch-Graetz mit Gewalt ihre Söhne entrissen werden sollten! Der Jugendrichter von Baden hatte entschieden, daß die zwei jüngeren von den vier Kindern dem Vater auszuliefern seien. Da sich die Prinzessin weigerte, dem Auftrag nachzukommen, erschien eine Gerichtsperson, um die Kinder zu übernehmen. Aber Frau Windisch-Graetz und ihr ältester Sohn leisteten Widerstand. Zudem strömten Arbeiter der nahen Fabrik in das Schloß, um den Bedrängten beizustehen. Da erließ der Jugendrichter einen weiteren Bescheid, nämlich, daß die Kinder gefesselt dem Vater zu übergeben seien! Bundespräsident Dr. h. c. Michael Hainisch (1920–1928) intervenierte beim Justizminister Dr. Rudolf

Paltauf. Nach Übertragung der Angelegenheit an einen anderen Richter wurden schließlich die Kinder der Mutter überlassen. Dr. Biehl, Hausarzt des Bundespräsidenten, schilderte die ehemalige Erzherzogin als ‚ausgezeichnete Mutter und hochintelligente Persönlichkeit, die turmhoch über der ganzen Hofgesellschaft stehe‘. Daß die Entscheidung des Justizministers richtig gewesen war, ergab sich später, als ruchbar wurde, daß Fürst Windisch-Graetz mit den Kindern bloß ein Geschäft vorgehabt hatte, indem er sich sein Recht auf die Kinder abkaufen lassen wollte …"[15] Die verlassene Frau habe es einfachen Leuten, Arbeitergattinnen und Arbeitern zu danken, dass der versuchte Kinderraub missglückte, schrieb die Wiener „Sonn- und Montags-Zeitung". In einem Interview in derselben Ausgabe breitete die Fürstin dann das ganze Elend ihrer Ehe aus. Ihr Mann habe immer wieder Geldforderungen gestellt, jedes noch so kleine Zugeständnis wie die Erlaubnis zu einer Badereise habe er sich mit Geldforderungen „abkaufen" lassen. Schönau habe der Kaiser nur ihr allein geschenkt, ihr Mann habe die Hälfte des Besitzes hinter ihrem Rücken auf seinen Namen schreiben lassen, sie habe diese Manipulation aber entdeckt und rückgängig gemacht.

Besonders dramatisch beschreibt sie die Rettung der Kinder: „Daher erschien er, der tapfere Vater, bei der letzten Exekution nicht persönlich, sondern schickte seinen Rechtsanwalt mit der Hundepeitsche und mit Schließen, die ihm die braven Arbeiter entrissen, für die Hände der Kinder hierher. Nie ist ein Vater in feigerer Weise gegen seine unschuldigen Kinder, die ihn allerdings verachten, so vorgegangen. Doch da ist ein Wunder geschehen. Die Enkelin des Kaisers, deren Ehre von gewissen Aristokraten, zu denen sie leider heruntergeheiratet hatte, Kollegen des Fürsten in Puncto puncti, in den Kot gezogen wurde, wurde vom goldenen Herzen des Volkes gerettet. Diese Leute hier, die mein tägliches Leben zu beobachten in der Lage sind und meine Kinder kennen, haben den Klassenhaß vergessen und haben sich emporgeschwungen zu der höchsten Höhe reinster Menschlichkeit. Die Mutterherzen dieser sozialdemokratischen

Frauen schlagen laut über den Haß hinweg, den die Bedrängten für die Wohlhabenden empfinden ..."[16]

Diese dramatischen Ereignisse bewirkten, dass sich Elisabeth Windisch-Graetz Schönau und dessen Bevölkerung sehr verbunden fühlte. Sie revanchierte sich für die couragierte Hilfe der Arbeiter mit verschiedenen Spenden an die Gemeinde. In Schönau, dessen Gutsbetrieb 100 Personen Arbeit und Brot gab, zeigte sich auch immer deutlicher, dass sie in ihrem Denken und ihrer Einstellung immer mehr ihrem Vater Kronprinz Rudolf nachgeriet, der immer sozial eingestellt gewesen war und den die Privilegien des Adels empört hatten.

Von der Abschaffung des Adels und der Enteignung aller Mitglieder des Hauses Habsburg, die der Republik den Treue-Eid verweigerten, war die Fürstin Windisch-Graetz nicht betroffen, da sie vor ihrer Heirat aus dem Kaiserhaus hatte austreten müssen. Ihre Abneigung gegen die Hofgesellschaft und die Aristokratie war aber mit den Jahren gewachsen. Schon knapp nach dem Ende des Ersten Weltkrieges hatte sie begonnen, sich für sozialistisches Gedankengut zu interessieren. Für größte Verwunderung hatte sie gesorgt, als sie sich beim Polizeipräsidenten nach der Adresse Viktor Adlers und der Telefonnummer der ‚Arbeiter-Zeitung' erkundigte.

Leopold Petznek:
Entgegengesetzte Welten finden zueinander

Gerade in der Zeit, in der sie sich durch das Scheidungsverfahren und den Versuch ihres Mannes, ihr die Kinder gewaltsam zu entreißen, in ärgster Bedrängnis fühlte, lernte sie einen Mann kennen, der ihrem Leben eine völlig neue Wende geben sollte: Auf einer sozialdemokratischen Wählerversammlung in Mödling sprach sie den damaligen Schutzbundkommandanten für das Viertel unter dem Wienerwald an, Leopold Petznek. Sie wollte ihn um Hilfe in ihrer verzweifelten Lage bitten – und fand in ihm den Lebenspartner für nahezu drei Jahrzehnte.

Leopold Petznek war 1881 in Bruck an der Leitha als Kind

bitterarmer Kleinbauern geboren worden. Er verlor seine Eltern in frühem Kindesalter, auch seine Großmutter konnte nicht für ihn sorgen. Ihr gelang es aber, für den aufgeweckten Buben einen Platz im Hyrtl'schen Waisenhaus in Mödling zu finden. Dem fleißigen und aufmerksamen Schüler wurde eine Ausbildung zum Lehrer ermöglicht, er schloss sie 1900 in Wiener Neustadt mit der Reifeprüfung ab. Bis zum Kriegsausbruch 1914 wirkte er als Lehrer in dem Waisenhaus, in dem er aufgewachsen war, dann musste er einrücken, an die russische Front.

Nach dem Krieg kehrte Petznek in den Lehrerberuf zurück. Jetzt betätigte er sich zunehmend in der sozialdemokratischen Bewegung. Er gehörte dem Gemeinderat in Mödling an, trat 1921 in den niederösterreichischen Landtag ein, war im Finanz-kontrollausschuss tätig, wurde 1927 zum zweiten Präsidenten des Landtags gewählt und hatte von 1945 bis 1947 das Amt des Rechnungshofspräsidenten inne. Er war verheiratet, lebte aber getrennt von seiner nervenkranken Frau.

Die Fürstin und der sozialdemokratische Lehrer, das war in jener Zeit wohl ein Aufsehen erregendes Paar. Sie, eine Frau, die von ganz oben, und er, ein Mann, der von ganz unten gekommen war. Sie hatten sich in der Mitte getroffen. Ihre Verbindung war das wahr gewordene Märchen von der Überwindung sozialer Barrieren.

Die Fürstin engagierte sich zunehmend in der sozialdemokratischen Frauenbewegung und bei den Kinderfreunden. Sie half bei der Errichtung eines Arbeiterwohnheimes, stellte den „Roten Falken" Teile des Schlossparks zur Verfügung, begleitete Petznek zu Wahlveranstaltungen und hielt sogar Versammlungen in den Salons von Schloss Schönau ab. Und die Partei, für die eine Angehörige der Hocharistokratie und Kapitalistin von ihrem Format eigentlich ein rotes Tuch sein musste, nahm sie begeistert auf. Sie wurde zum offiziellen Parteimitglied. So wurde die Fürstin zur Genossin Windisch-Graetz, zur „roten Erzherzogin".

Die Beziehung zu ihrer Mutter Stephanie war nach deren Hochzeit mit Graf Lónyay immer stärker abgekühlt. Beim Ehe-

Der Sozialdemokrat Leopold Petznek als Lebenspartner der Fürstin: Diese Beziehung machte den Traum von der Überwindung sozialer Barrieren wahr.

streit im Hause Windisch-Graetz hatte die Mutter die Partei des Fürsten ergriffen. Die flehenden Bitten ihrer Tochter, doch auch ihre Seite anzuhören, hatte Stephanie strikte abgelehnt. Der Gesinnungswandel Elisabeth Maries führte schließlich zum gänzlichen Bruch. Ihr Name durfte im Hause Lónyay nicht einmal mehr ausgesprochen werden. Stiefvater Graf Lónyay ätzte: „Sie marschiert bei diesen odiösen Aufzügen mit und verkauft rote Nelken auf der Straße." [17]

Die Genossin hält Hof

Obwohl Elisabeth Windisch-Graetz immer mehr zu einer über-
zeugten und begeisterten Sozialdemokratin wurde, hielt sie an
ihrem fürstlichen Lebensstil fest. Wie man schmunzelnd fest-
stellte, war sie die erste und einzige, die im Luxuswagen beim
Mai-Aufmarsch vorfuhr.

Im Jahr 1929 verkaufte Elisabeth Windisch-Graetz Schloss
Schönau und erwarb etwas später in der Wiener Linzer Straße
452 ein kleines Palais. Bei der Ausstattung des neuen Domizils
sparte sie an nichts, die „Genossin" wusste schöne, alte Möbel,
Gemälde und kostbares Porzellan nach wie vor zu schätzen. Leopold Petznek ließ sie gewähren. Der besonnene, gebildete Mann
war über derlei erhaben. Er fühlte sich auch in der neuen Umgebung wohl.

Das Palais geriet auf Wunsch der einstigen Fürstin mit der
Zeit immer mehr zu einer Miniatur-Ausgabe von Schloss Schönbrunn. Sie hatte zahlreiche Dienerschaft, die ihre Wutausbrüche
fürchtete – und die sich an die Etikette wie zu Kaisers Zeiten halten musste. Täglich um sieben Uhr früh hatte die Dienerschaft
vor der Schlafzimmertür anzutreten. Dann erschien die Fürstin
in hoch geschlossenem Morgenmantel und mit Lockenwicklern
und gab Befehl, was jeder zu erledigen hatte. Im Laufe des Tages
überwachte sie jeden Handgriff. Sie war eine schwer zu ertra-
gende Chefin, denn kaum war eine Arbeit getan, disponierte sie
um, überlegte es sich anders, wurde hysterisch. Die „Genossin"
gab Audienzen, auch ihren Kindern. Wer zu spät kam, wurde
nicht vorgelassen. Als „Kaiserliche Hoheit" allerdings ließ sie
sich nicht titulieren, „Gnädige Frau" genügte.

Im Februar 1934 traf die späte Liebe der ungleichen Partner
ein schwerer Schlag. Leopold Petznek wurde verhaftet, die
Austrofaschisten brachten ihn wegen Verdachtes des Hochver-
rates und Anstiftung zum Aufruhr hinter Gitter. Seine Lebens-
gefährtin hielt eisern zu ihm. Sie besuchte ihn im Gefängnis
und kämpfte für seine Freilassung. Petznek laborierte an einem
Gallen- und Blasenleiden, die Haft war für ihn nur schwer zu
ertragen.

Während Petznek in Haft war, hatte sich die Fürstin auch noch gegen einen späten Rachefeldzug ihres Ex-Mannes zur Wehr zu setzen. Otto Windisch-Graetz stellte im Namen seiner Schwiegermutter einen Antrag auf Verhängung der Kuratel über seine geschiedene Gattin. Diese unterstütze die Sozialdemokratische Partei mit erheblichen Geldmitteln und schädige dadurch ihre Kinder. Sie habe vor, ihre Liegenschaften zu belehnen und mit Petznek Österreich zu verlassen. Und: „... außerdem besteht Gefahr, daß sie den Marxismus weiterhin mit Geld unterstützt, wozu sie das große Vermögen von ihrem Großvater Franz Joseph gewiß nicht geerbt hat." [18]

Ein Unglück kommt selten allein

Besonders betrüblich war, dass sich dem Antrag auf Kuratel auch der älteste Sohn Franz Joseph angeschlossen hatte. Auch er brachte vor, seine Mutter verwende hohe Erträge aus dem Familienkapital für Petznek und die Sozialdemokratische Partei. An ihre Kinder gebe sie nur 1600 Schilling monatlich ab, für sich selbst aber nehme sie 15 000 Schilling. Sobald Petznek aus der Haft entlassen sei, werde er seiner Mutter weiter zur Last fallen und sie werde den Marxismus weiterhin unterstützen. Um dies zu verhindern, möge man die Mutter entmündigen.

Das Entmündigungsverfahren wurde noch im April 1934 eingestellt. Im Juli ergab eine Gerichtsverhandlung Petzneks Unschuld. Der „Lord", wie ihn seine Parteigenossen liebevoll nannten, kam frei. Elisabeth Windisch-Graetz unterstützte die Sozialdemokratische Partei und in Not geratene Genossen weiterhin tatkräftig. Petznek hielt auch Kontakt zu den führenden „Roten" wie Otto Bauer und Franz Rauscher, als die Braunhemden in Wien einmarschierten.

Im Juni 1939, nur wenige Monate vor Kriegsbeginn, kam Elisabeth Maries jüngster Sohn Rudolf auf tragische Art ums Leben. Der begeisterte Motorradfahrer stürzte beim Training für das Zweite Wiener Höhenstraßenrennen so schwer, dass er wenige Stunden nach dem Unfall starb.

Im August 1944 brach über die mittlerweile 61-jährige, von Gicht geplagte Fürstin die nächste Katastrophe herein. Im Zuge der Maßnahmen nach dem Hitler-Attentat verhaftete die Gestapo Petznek auf offener Straße. Die Nationalsozialisten schickten ihn ins Konzentrationslager Dachau. Jetzt blieben alle Versuche, ihn freizubekommen, vergeblich. Der Häftling mit der Nummer 110 535 blieb bis Juni 1945 interniert.

Als er in die Heimat zurückkehrte, war Elisabeth Windisch-Graetz obdachlos geworden. Die Russen hatten ihr Palais okkupiert und seine Besitzerin vertrieben. Sie fand im benachbarten Kloster der Dienerinnen des Hl. Herzens Jesu Unterschlupf. Das Paar fand schließlich in einem Haus in der Nähe ein provisorisches Zuhause. Von Bequemlichkeit oder dem einstigen Glanz war hier allerdings nichts zu spüren: Das Haus war von Bomben geschädigt und feucht. Das Gichtleiden der Fürstin verschlechterte sich bis zur Gehunfähigkeit. Bald konnte sie sich nur noch mit Krücken oder im Rollstuhl fortbewegen.

Späte Trauung und Rückkehr ins Palais

Im Mai 1948 fand im Standesamt Hadersdorf-Weidlingau eine formlose, stille Trauung statt: Elisabeth Windisch-Graetz und Leopold Petznek schlossen den Bund der Ehe. Ohne Gäste, ohne Feier. Darauf, endlich wieder in ihr schönes, elegantes Palais ziehen zu können, mussten sie allerdings noch lange warten. Nach den Russen okkupierten die Franzosen das Palais. Sie räumten es erst im Mai 1955, nachdem Österreich seine Freiheit wieder erlangt hatte. Nun endlich konnte das Ehepaar Petznek in das Palais zurückkehren. Leopold Petznek allerdings durfte sich der Rückkehr nicht lange erfreuen. Er starb schon im Juli des folgenden Jahres.

Für Elisabeth Petznek brachen mit dem Tod ihres Mannes einsame und traurige Jahre an. Außer ihrem Stiefsohn Dr. Otto Petznek empfing sie kaum mehr Besuch und beschäftigte sich hauptsächlich mit ihren Schäferhunden und ihren Blumen. Sie litt unter schwerer Arthrose und Gicht, konnte oft tagelang nicht mehr aufstehen und kommandierte ihre wenigen verbliebenen Bediensteten vom Bett aus durch das Haus, darunter Pepi Steghofer, die ihr über 40 Jahre treu ergeben war und sie in den Hunger-Jahren sogar mit Lebensmitteln versorgt hatte. 1961 erlitt sie einen Schlaganfall. Die Folge war eine schwere, beidseitige Lähmung. Am 16. Mai 1963 schließlich erlöste sie der Tod von ihren Qualen.

Die einzige Tochter von Kronprinz Rudolf, Enkelin von Kaiser Franz Joseph, Fürstin Windisch-Graetz und Genossin Petzold wurde in aller Stille am Hütteldorfer Friedhof begraben. Ihr Grab an der rechten Friedhofsmauer trägt keinen Namen, nur ein schlichtes, weißes Kreuz.

Der „schöne Otto"

Erzherzog Otto Franz Joseph, „Bolla"
der zweite Sohn von Erzherzog Karl Ludwig und dessen
zweiter Frau Maria Annunziata von Bourbon-Sizilien
* 21.4.1865 in Graz, † 1.11.1906 in Wien-Döbling

Der 22. April 1865 war ein Sonntag. Die Stadt Graz zeigte sich von ihrer lieblichsten Seite: Die Sonne strahlte, der milde Frühlingswind trieb Blütenblätter vor sich her und am Fuße des Schlossbergs herrschte Festtagsstimmung: Seine Majestät, der Kaiser, war bereits um neun Uhr Früh mit dem „Separatzug" am Bahnhof eingetroffen. Eine jubelnde Menschenmenge hatte ihn Zeitungsberichten zufolge am Bahnhof begrüßt. [1]

Der Grund des hohen Besuches: Am Vortag, mittags um halb 12 Uhr, hatte im Palais Sackstraße 18 der zweite Sohn von Erzherzog Karl Ludwig und Maria Annunziata von Bourbon-Sizilien das Licht der Welt erblickt. Nun sollte er in einer feierlichen Zeremonie auf den Namen Otto Franz Joseph getauft werden.

Dass dieser süße Winzling, der das heilige Sakrament brav und ruhig in seinem Steckkissen aus kostbarster Spitze entgegennahm, einst zum schönsten und elegantesten Habsburger aller Zeiten heranwachsen würde, konnte keiner der zahlreichen Gäste aus höchsten Kreisen ahnen. Und noch viel weniger, dass er mit seinen Eskapaden alles haushoch schlagen würde, was das Haus bisher an Skandalen erschüttert hatte.

Karl Ludwig privat

In so strahlendem Licht die Familie des frisch gebackenen Vaters Erzherzog Karl Ludwig an diesem Tag auch leuchtete, es war bei

Wie der Herr, so 's G'scher: Auch Ottos Hund ließ keinen Zweifel über seine Eleganz und die Vornehmheit seiner Abstammung aufkommen.

Gott nicht alles Gold, was da glänzte. Sophie von Bayern hatte ihrem Beichtvater einmal anvertraut, ihr 1833 nach Franz Joseph und Maximilian geborener Sohn Karl Ludwig sei „schwach im Talente", interessant könne er niemals werden. Sie sollte Recht behalten, er spielte immer nur eine untergeordnete Rolle. Anmerken allerdings ließ er sich das nie. Wo immer er in der Öffentlichkeit auftrat, gab er zu verstehen, dass er dem Thron sehr nahe stand. Und von ihm gegrüßt zu werden, war eine Gnade. Das tat der fromme Mann allerdings nicht wie Normalsterbliche mit einem einfachen „Grüß Gott" oder „Guten Tag", er pflegte wortlos das Kreuz über sein Gegenüber zu schlagen.

Bei aller zur Schau getragenen Leutseligkeit war Karl Ludwig ein Mann von pompösem Auftreten. Und das, obwohl der Versuch, ihn in der Politik zu etablieren, schon 1861, nach nur sechsjähriger Statthalterschaft in Tirol, gescheitert war. Beim Militär brachte er es im Laufe der Zeit zwar zum General der

Kavallerie, wirklich interessiert hat ihn aber auch dieser Beruf nie. Alles Künstlerische, Wissenschaftliche, Schöngeistige hingegen lag ihm. Das wieder war Kaiser Franz Joseph recht, er delegierte an ihn immer wieder Repräsentationsaufgaben, die ihm selbst lästig waren. So war es Erzherzog Karl Ludwig, der das Kaiserhaus bei der Eröffnung der Weltausstellung 1873 vertrat oder das Protektorat über das Künstlerhaus und die Gartenbaugesellschaft übernahm; das trug ihm den Spitznamen „Ausstellungs-Erzherzog" ein.

Für das Privatleben des frommen und biederen Karl Ludwig zog seine ehrgeizige Mutter Sophie von Bayern die Fäden. Sie sorgte 1856 dafür, dass er die sächsische Königstochter Margarete heiratete. Als diese nach zwei Jahren im Alter von nur 18 Jahren starb, machte sie sich abermals auf die Suche nach einer geeigneten Schwiegertochter. Diesmal fiel ihre Wahl auf Maria Annunziata von Bourbon-Sizilien. Sie war die Tochter von „La Bomba", König Ferdinand II. von Neapel und Sizilien, der diesen Spitznamen verpasst bekommen hatte, weil er gegen Aufständische in Neapel mit Bomben vorgegangen und 1859 selbst einem Attentat zum Opfer gefallen war.

Ganz der gutmütige, ergebene Sohn, willigte Karl Ludwig auch in diese Heirat ein. Schon bei der Hochzeit in Venedig fiel Sophie die ungesunde Blässe ihrer jungen Schwiegertochter auf, auch ihr ständiges Hüsteln entging ihr nicht. Also bestimmte sie, dass das junge Paar in mildes Klima im Süden der Kronländer zog, nach Görz.

Tapfere Maria Annunziata

Maria Annunziata aber wurde es in dem kleinen Städtchen bald zu eintönig. Sie kam aus Rom. Dort hatte sie sich besonders nach dem Tod ihres Vaters zwar nicht wohl gefühlt, die Eleganz und Quirligkeit der ewigen Stadt hatte sie jedoch zu schätzen gewusst. Als Tochter eines Königs war sie in einem Umfeld aufgewachsen, das von Macht und Größe bestimmt war. Ähnliches hatte sie sich von der Heirat mit dem Mann erhofft, der immerhin der Bruder des mächtigen Kaisers von Österreich war. Da plötzlich fand sie sich in Görz wieder, einem kleinen Städtchen am Ende der Welt. Das war nicht zu ertragen. Maria Annunziata forderte die sofortige Übersiedelung.

Die nächste Station des Paares, das offensichtlich nicht das Geringste füreinander empfand, war Graz. Karl Ludwig hatte in aller Eile das Palais in der Sackstraße auf Hochglanz bringen lassen, in dem sich heute das Stadtmuseum befindet. Dort kamen 1863 Franz Ferdinand, der spätere Thronfolger, und 1865 Otto zur Welt. Graz war ganz nach dem Geschmack des Erzherzogs. Er fühlte sich in dem hübschen, schon damals von älteren, in den Ruhestand getretenen Herrschaften gern als „Pensionopolis" genützten Städtchen an der Mur ausgesprochen wohl. Hier hatte er Muße, seinen künstlerischen Neigungen nachzugehen, sich mit seiner Briefmarkensammlung zu beschäftigen oder Jagdausflüge zu unternehmen. Er war bei der Grazer Bevölkerung angesehen und beliebt.

Maria Annunziata aber wurde auch in Graz nicht froh. Ihr Gesundheitszustand gab außerdem zunehmend Anlass zu Sorge. Zu ihrem ständigen Hüsteln kamen Fieberanfälle. Was das Zusammenleben mit ihr erschwerte, waren aber ihre Stimmungsschwankungen. Auf Phasen düsteren, antriebslosen Dahinbrütens folgten Tage extremer Hochstimmung. Heute würden Mediziner vermutlich sagen, sie war manisch-depressiv.

Hatten die Ärzte schon höchst besorgt reagiert, als sie erfuhren, dass sie bereits ein halbes Jahr nach der Geburt ihres ersten Kindes Franz Ferdinand wieder schwanger war, so waren sie nahezu ratlos, als sich 1868 ein drittes Kind ankündigte. Für die Ärzte war es offensichtlich, dass sie schwer krank war; dass sie eine dritte Schwangerschaft und Geburt überleben würde, schien ihnen unwahrscheinlich. Maria Annunziata aber hielt sich tapfer. Und nicht nur das, sie setzte auch mit unglaublicher Vehemenz durch, dass die Familie abermals übersiedelte, und zwar nach Wien. Karl Ludwig hatte in aller Eile ein Palais in der Favoritenstraße erworben und mit einem finanziellen Zuschuss seines Bruders neu eingerichtet. Dort kam zu Weihnachten 1868 der jüngste Sohn Ferdinand Karl Ludwig zur Welt – und die Mutter überlebte die Geburt zum größten Erstaunen der Ärzte.

Warme mütterliche Liebe haben die drei Söhne nie erlebt. Sie wurden von der lungenkranken Annunziata weitgehend fern gehalten, durften ihre ständig hüstelnde Mutter weder umarmen, noch mit ihr sprechen. An der sich laufend verschlimmernden Krankheit änderten auch lange Aufenthalte im Palais im Augarten, in der kleinen „Rudolfsvilla" in Reichenau und in den Schlössern Artstetten und Persenbeug nichts, die mittlerweile in den Besitz Karl Ludwigs übergegangen waren. Das heimtückische Lungenleiden schritt rasch voran und zehrte an den Kräften der Patientin. Maria Annunziata aber kämpfte mit aller Macht gegen die Krankheit an. 1870 brachte sie in Artstetten noch ein Mädchen zur Welt, das auf den Namen Margareta Sophia getauft wurde, ein Jahr später verlor sie den Kampf gegen die Tuberkulose jedoch endgültig. Sie verstarb, erst 28 Jahre alt.

Die gute Stiefmutter

Sophie von Bayern hatte für ihren Sohn abermals auf Brautschau zu gehen. Diesmal traf sie eine glückliche Wahl: Maria Theresia, die bildhübsche Tochter des Exil-Königs Dom Miguel von Portugal, die nach dem Tod ihres Vaters auf Schloss Bronnbach in Baden aufgewachsen war. Sie hatte ein schweres Erbe anzutreten, immerhin wurde die knapp 18-Jährige plötzlich zur Stiefmutter von vier Kindern, und das war alles andere als einfach. Besonders, da die Kinder schwächlich waren, ständig kränkelten und die Ärzte Sorge hatten, dass auch sie die schwere Krankheit ihrer Mutter geerbt haben könnten – was bei Franz Ferdinand später tatsächlich eintrat. Maria Theresia aber meisterte ihre Aufgabe gut. Sie erwies sich von Anfang an als liebevolle, treu sorgende Mutter.

Schon bald zeigten sich zwischen Franz Ferdinand und Otto grundlegende Unterschiede. Ersterer war schmächtig, willensstark und gescheit, schon früh zeichnete sich ein Hang zu

Otto war schon in zartem Alter ein auffallend hübsches Kind.
Im Unterschied zu seinem Bruder Franz Ferdinand war er auch
immer für Späße zu haben.

Strenge und jener Maßlosigkeit ab, die ihn später zu einem leidenschaftlichen, ja geradezu exzessiven Jäger werden ließ. Der
bildhübsche, blond gelockte Otto hingegen war lebhaft und
lustig, ein richtiger Wildfang, der für jeden Unsinn zu haben
war und seinen Lehrern einen Streich nach dem anderen spielte.
Franz Ferdinand spürte, dass auch sein Vater den lustigen Otto
lieber hatte, das kränkte ihn. Aber er schluckte seine Eifersucht
tapfer hinunter.

Ehrgeiz des Vaters

Karl Ludwig nahm an der Entwicklung und Erziehung seiner Kinder regen Anteil. Um sie auf ein frommes und gottgefälliges Leben vorzubereiten, engagierte er die besten Lehrer. Für die Kinder bedeutete das Drill in schlimmster Form. Ihr Tag begann um 7 Uhr früh mit der heiligen Messe, daran schloss sich eine Unterrichtsstunde nach der anderen an, bis zum späten Abend. Und immer wieder kam es vor, dass der Erzherzog selbst am Unterricht teilnahm. Dann saß er Stunden um Stunden bei den „Lectionen", stellte den Lehrern und auch den Kindern Fragen und versuchte, ihnen vor allem Geschichte einzutrichtern.[2]

Trotzdem, oder vielleicht auch gerade deswegen: Weder bei Franz Ferdinand, „Franzi", noch bei Otto, „Bolla", brachten diese Bemühungen den gewünschten Erfolg. Ersterer verschloss sich den Lehrern zeitweise überhaupt gänzlich, er zeigte weder Interesse an den Unterrichtsfächern, noch war er dazu zu bewegen, seine Aufgaben zu machen. Da er über keine Sprachbegabung verfügte, gelang es auch nicht, ihm die für einen Erzherzog des Hauses Habsburg erforderlichen Kenntnisse im Englischen, Französischen, Italienischen, Tschechischen oder Ungarischen beizubringen. Im Gegenteil, Franz Ferdinand entwickelte nahezu einen Hass auf das Italienische und „Magyarische".

Dass auch die Lehrer dem verstockten, wortkargen Franz Ferdinand den lustigen Otto vorzogen, sorgte für größte Verstimmung. Am Lernerfolg änderte es auch bei Otto nichts. Er erlernte nicht einmal die deutsche Rechtschreibung. Wenn er Jahre später in den Weinschänken des Spittelbergs schriftlich nach seinen Lieblings-Gefährtinnen schickte, mokierten sich die Überbringer der Karten über seine haarsträubenden Rechtschreibfehler.

Kaiser Franz Joseph wurde minutiös vom Fortschritt oder, noch öfter, vom Nicht-Fortschritt seiner Neffen Bericht erstattet. Er achtete streng darauf, dass die Daumenschrauben angezogen wurden und ordentlich gepaukt wurde. Als Kronprinz Rudolf einige Male den Versuch machte, seine beiden Cousins zu deren größter Freude zur Entenjagd in die Donau-Auen oder nach Laxenburg einzuladen, schob er dem sofort einen Riegel vor: zu viel der Ablenkung.

Unbeschwerte Tage erlebten die Kinder nur im Sommer in Reichenau. Erzherzog Karl Ludwig hatte die „Rudolfsvilla" von Architekt Ferstel aus- und umbauen lassen, sein neues „Nest" nannte er Schloss Wartholz. Zeitweise war das ganze Haus mit den Zeichnungen der Kinder tapeziert. Hier konnten sie sich nach Herzenslust austoben. Allerdings: Sogar in diesem Sommerparadies zeigten sich die Unterschiede zwischen den beiden Brüdern: So ganz unbeschwert, frei und ausgelassen wie „Bolla" war „Franzi" nie.

Da, wo es galt, ein echter Kerl zu sein, war Otto ganz groß. Wie jeder Habsburger hatte er einen handwerklichen Beruf zu erlernen. Er entschied sich für den des Drechslers. Dabei zeigte sich seine Begabung. Er tischlerte und zimmerte mit größter Freude und auch beim Umsägen der Bäume stellte er sich geschickt an. Ganz in seinem Element war er jedoch, wenn es ums Reiten und Fechten ging. Da ging sein Temperament regelrecht mit ihm durch.

Im blond gelockten „Engel" steckt die Seele eines Husaren

„Schon in dem Knaben strebte und drängte alles zur Reiterwaffe", schrieben die Wiener Zeitungen in ihrem Nachruf 1906 nach seinem frühen Tod. Bereits im Alter von 15 Jahren war Otto, „wohl vorbereitet", in die Armee eingetreten. Er hatte seine militärische Laufbahn 1880 begonnen, als Leutnant im Ulanenregiment Nr. 7, das den Namen seines Vaters trug. Ein Jahr später wurde er dem 10. Feldjägerbataillon in Hainburg zugeteilt. Den Zeitungen zufolge bot ihm das die Gelegenheit, seinen „kavalleristischen Elan und seine Eleganz als Jagdreiter" zu bewähren. Bereits damals galt er als einer der tüchtigsten und kühnsten Reiter der Armee und versetzte seine Umgebung durch den Wagemut, den er auf dem Rücken der wildesten Pferde zeigte, oft in Schrecken. Er fehlte bei keinem Herrenreiten und keiner Parforcejagd. Was ihm aber am höchsten angerechnet wurde, war, dass er immer und jederzeit aufs herzlichste mit den Offizieren und der Mannschaft verkehrte.[3]

Die fesche Uniform, das schneidige Auftreten, die offen zur Schau getragene Lebenslust und der umwerfende Charme, das alles machte Erzherzog Otto zum Mädchenschwarm für die ganze Monarchie. Dass der „schöne Otto" sein Leben in vollen Zügen genoss und dem Wein und den „Weibern" gleichermaßen zugetan war, sprach sich bald herum. Übel nahm ihm das aber niemand. Im Gegenteil. Er wurde zum Symbol des eleganten, österreichischen Kavallerieoffiziers, sympathisch und beliebt.

Im Jahr 1886 allerdings wurde es für Erzherzog Otto ernst. Das Wiener Kaiserhaus hatte großes politisches Interesse an einer Verbindung mit dem Dresdener Königshaus. Man beabsichtigte, Franz Ferdinand mit Mathilde, der Tochter des Prinzen Georg von Sachsen, zu verheiraten. Wie es damals üblich war, reiste die Familie von Erzherzog Karl Ludwig vollzählig nach Dresden. Franz Ferdinand aber machte kein Hehl daraus, dass ihm das große blonde deutsche Mädchen mit seinen linkischen Bewegungen überhaupt nicht gefiel. Er erklärte unmissverständlich, dass er um nichts in der Welt um ihre Hand anhalten würde.

In die Ehe getaumelt

Die folgenden Ereignisse schildert Erzherzog Leopold, der spätere Leopold Wölfling: „Da nun die ganze Reise umsonst gewesen wäre und dies einen nicht sehr guten Eindruck hinterlassen hätte, so drang man in Otto, das gut zu machen, was Franz Ferdinand verbrochen hatte. Er wurde unter Alkohol gehalten, was ja nicht schwer zu erreichen war; sei es nun, daß er aus dieser Narkose heraus oder um dem ungestümen Drängen und dem ewigen Gejammer und Getue ein Ende zu machen, wirklich um Josepha anhielt und prompteste Zusage – wohlgemerkt vom Prinzen Georg – erhielt – es war geschehen und ließ sich nicht mehr rückgängig machen. Schließlich war es Otto ja ziemlich egal, ob er verheiratet war oder nicht, nur sein Bruder Franz

Ein Kavallerieoffizier wie aus dem Bilderbuch: Der schneidige, sympathische Otto leistete sich zahllose Eskapaden, übel nahm ihm das aber niemand.

Ferdinand war froh, diesmal entschlüpft zu sein, denn seine Projekte für die Zukunft gipfelten wohl nicht in einer Ehe, die ihm aufgezwungen werden sollte."[4]

Am 2. Oktober 1886 wurde in Dresden Hochzeit gefeiert. Von offizieller Seite wurde über dieses Ereignis euphorisch berichtet: „Erzherzog Otto hatte in der jugendfrischen, am 31. Mai 1867 geborenen Prinzessin Maria Josepha, Tochter seiner königlichen Hoheit des Prinzen Georg von Sachsen, eine holde Braut gefunden ... Das jugendliche Brautpaar wurde von der Bevölkerung der Hauptstadt Sachsens und der Umgebung mit Huldigungen überschüttet ... Die umliegenden Dörfer hatten die Schuljugend zu einem Huldigungszuge mit Musikbegleitung entsendet, wobei die Mädchen grünweiße, die Knaben schwarzgelbe Lampions trugen; 21 Ehrenjungfrauen umringten die holde Braut unter Anstimmung des bekannten Brautliedes aus Webers ‚Freischütz'; am Vorabend der Trauung brachten 1200 Dresdner Sänger, begleitet von 600 Fackelträgern, den Höchsten Herrschaften eine schöne Serenade und am Trauungstage selbst durchwogte eine freudig bewegte Menge die Straßen der Hauptstadt ... Unmittelbar nach der unter Glockengeläute und

Geschützsalven vollzogenen Trauung begab sich das Höchste Brautpaar auf Wunsch des Königs auf den Balkon des königlichen Schlosses, um sich dem Volke zu zeigen ...“ [5]

Für die fromme, blonde Braut läuteten die Glocken und die Geschützsalven einen Lebensabschnitt ein, der, im Nachhinein gesehen, eine einzige Katastrophe gewesen sein muss. Der „schöne Otto“ blieb seiner jungen Frau keine Enttäuschung schuldig, sei es auch nur die geringste.

Schon der erste gemeinsame Wohnsitz des jungen Paares besaß eine gewisse Symbolkraft: Otto war 1886 zum Sizilien-Ulanenregiment Nr. 12 nach Klagenfurt transferiert worden. Logis nahm er mit seiner jungen Frau in einem Haus gegenüber dem Friedhof. Vor den Fenstern formierten sich so gut wie jeden Tag Leichenzüge. Die fromme Maria Josepha betete.

Viel anderes blieb ihr auch nicht übrig. Ihren jungen, hübschen Ehemann – Otto war damals erst 21 Jahre alt – bekam sie so gut wie nie zu Gesicht. Er war entweder in der Kaserne beim Exerzieren oder mit seinen Regimentskameraden im Wirtshaus – bei „Wein, Weib und Gesang“.

Die Kärntner Gastwirte freilich hatten mit dem jungen, ungestümen Erzherzog nicht immer die reinste Freude. In der Nähe von Villach zum Beispiel warf er als Anführer einer wilden Horde im Zuge eines Saufgelages einen Ofen um, ein Großbrand konnte nur im letzten Moment verhindert werden. Ein anderes Mal flogen in St. Veit Gläser, Geschirr und Einrichtungsgegenstände aus dem Fenster. Das machte Spaß! Und es wollte wiederholt werden. Dass Otto in einem Klagenfurter Gasthaus an der Spitze seiner Saufkumpane auch gleich die Bilder des Kaisers und seiner Frau ins Freie expedierte, gefiel Kaiserin Elisabeth allerdings gar nicht. Sie machte ihrer Empörung in einem Gedicht Luft:

„In der Kneipe welch ein Toben,
Zechen und Pokalgeklirr!
Gibt das Beispiel doch von oben
Der Erzherzog-Offizier.

Tische, Stühle müssen springen
Und in tausend Trümmer geh'n,
Gläser rings in Scherben klingen,
Alles auf dem Kopfe steh'n!

Nun zum Schluss sollst du auch fliegen,
Kaiser mir und Ohm zugleich,
Mit der Frau Gemahlin liegen
In dem Dreck dort unten weich!«

Sagt's und beide Bilder flogen
Aus dem Fenster in den Kot
– Wenn die Fama nicht gelogen –
Zu des Bürgermeisters Not ..."[6]

Ein rücksichtsloser Ehemann

Wenn „Bolla" zu Hause auftauchte, dann oft gemeinsam mit
seinen Zechkumpanen und sturzbetrunken. Einmal versuchte
er mitten in der Nacht mit einer johlenden Meute gewaltsam
in das Schlafzimmer seiner Frau einzudringen. Sein Grölen „Ich
zeige euch, wie eine Nonne aussieht!", schallte schon durchs
Haus, da flüchtete Maria Josepha in Panik und laut betend
unter ihr Bett. Der Himmel erhörte sie im letzten Augenblick:
Graf Dürckheim, des Erzherzogs Adjutant, stellte sich schüt-
zend vor die Tür und verhinderte, dass die Meute eindringen
konnte.

Kaiser Franz Joseph wurde dieser Eklat brühwarm berichtet. Er zitierte seinen Neffen umgehend nach Wien. Statt vieler
Worte reagierte er ausnahmsweise höchst emotional: Er versetzte
ihm eine schallende Ohrfeige. Ernstlich bös sein konnte er seinem hübschen, malerisch zerknirschten Neffen allerdings nicht.
Ebenso wenig wie alle anderen. Ottos Eskapaden waren oft Tagesgespräch. Aber sie ließen ihn als liebenswerten „Drahrer", als
„Teufelskerl" erscheinen. Wenn er bei offiziellen Anlässen wie
der Fronleichnamsprozession auftrat, jubelten ihm die Damen

zu: dem schönen, südländischen, dunklen Otto, dem Don Juan des Kaiserhauses.[7]

Seinen ehelichen Pflichten kam Otto trotz allem nach. Schon ein Jahr nach der Hochzeit brachte Maria Josepha am 17. 8. 1887 in Persenbeug ihren ersten Sohn zur Welt, der später als Karl I. die Nachfolge Kaiser Franz Josephs antreten und als letzter Kaiser Österreichs in die Geschichte eingehen sollte. 1895 wurde in Wien Maximilian Eugen geboren, Ottos zweiter Sohn. Der jüngere Bruder des späteren Kaisers tanzte später übrigens auf erstaunliche Art aus der Reihe des Hauses Habsburg: Er besuchte das Schottengymnasium und studierte Jus. Nach dem Krieg, in dem er als Major gedient hatte, promovierte er zum Dr. jur. und führte mit seiner Frau Franziska zu Hohenlohe-Waldenburg-Schillingsfürst in der Schweiz und in Bayern ein bescheidenes Leben. Er starb 1952 in Nizza.

Bedingt durch die militärische Laufbahn Erzherzog Ottos übersiedelte die kleine Familie immer wieder. Otto diente mehrere Jahre im Dragonerregiment Prinz Albrecht von Preußen in Mähren. Zu dieser Zeit verband ihn eine innige Freundschaft mit Kronprinz Rudolf. Er begleitete ihn auf zahlreichen Reisen, darunter nach Bosnien und in die Herzegowina. Während sich der Kronprinz aber heimlich als Journalist betätigte, sich leidenschaftlich für neues, liberales Gedankengut einsetzte und gegen die konservative Regierung rebellierte, zeigte Erzherzog Otto nie Ambitionen in diese Richtung. Ihm fehlte der politische Weitblick. Husarenritte und Rotwein waren eher seine Sache.

Otto und Franz Ferdinand:
Außer Rand und Band

Franz Ferdinand hatte inzwischen auch die übliche Militär-Karriere eines Mitglieds des Kaiserhauses durchlaufen: Er war mit 14-einhalb Jahren zum Leutnant ernannt worden und mit 18 in die Garnison nach Enns gekommen. Wann immer er mit Otto zusammentraf, wurde ausgiebig gefeiert. Dann zogen die beiden Brüder singend und johlend durch die Nacht, ließen beflügelt von Wein und Zigeuner-Geigen keinen Unfug aus und schlugen über die Stränge, was das Zeug hielt.

In Enns sorgte ein Skandal für besondere Empörung: Auf der Rückkehr von der Parforcejagd waren hochgestellte Reiter mit zahlreichem Gefolge einem Leichenzug begegnet. Der Anführer befahl dem Priester und den Trägern anzuhalten. Dann nahm er Anlauf, gab dem Pferd die Hilfen und setzte über den Sarg, allen Jägern voran, die, ihm nach, desgleichen taten. Ob es Otto war, Franz Ferdinand oder gar Rudolf, das war später nicht zu klären. Kaiserin „Sisi" aber schäumte und machte ihrer Wut auch in diesem Fall mit einem Gedicht Luft:

„Ihr lieben Völker im weiten Reich,
So ganz im geheimen bewundere ich euch:
Da nährt ihr mit eurem Schweisse und Blut
Gutmütig diese verkommene Brut!" [8]

Der Vorfall hatte auch einen Nachhall im Reichstag. Der sozialdemokratische Abgeordnete Engelbert Pernerstorfer deutete am 17. 2. 1888 im Zusammenhang mit dem sittlichen Niedergang der studierenden Jugend auch die „Verwilderung und Verrohung einiger sehr hoher und sehr junger Herren" an. Das bekam ihm nicht gut. Kurz darauf erschienen bei ihm zu Hause zwei Unteroffiziere in Zivil und verabreichten ihm eine Tracht Prügel. Kronprinz Rudolf, „Coco", berichtete Stephanie am 8. März in einem Brief von den folgenden Ereignissen: „Die Polizei hat mir schlechte Stunden bereitet: sie haben die Spuren entdeckt und auch das Regiment, von welchem die Prügel ausgegangen sind. Die Leute konnten sie nicht finden, denn wir haben den einen in Südungarn, den anderen in der Herzegowina angebaut. Es hat meine ganze Frechheit und Findigkeit dazu gehört, um mich und Bolla aus allem zu salvieren. Jetzt sind wir wieder ganz in Sicherheit." [9]

In der Öffentlichkeit wurden hauptsächlich Ottos Eskapaden bekannt. Dass auch andere an den Ausrutschern beteiligt waren, fiel kaum ins Gewicht. Leopold Wölfling rückte diese Tatsache später ins rechte Licht: „Otto hat viel Unsinn gemacht, es wurden wohl über ihn allerlei unschöne Geschichten kolportiert, die man ihm allein in die Schuhe schob, welche aber auf ihn und Franz Ferdinand zu verteilen sind. Daß der Kaiser wütend war, wenn ihm dies und jenes mitgeteilt oder zugetragen wurde, wird man begreifen; man muß aber auch gerecht urteilen: im Rausche begeht man manches, das man im nüchternen Zustande nicht mehr ungeschehen machen kann, und Otto liebte eben die Trilogie Wein, Weib und Gesang über alle Maßen, er hatte einen hierzu prädestiniert schwachen Charakter."[10]

Zumindest Wein und Gesang schätzte Franz Ferdinand ebenso wie sein Bruder. Während „Bolla" aber vor schier unverwüstlicher Kraft strotzte und jeden auch noch so wilden Sauf-Exzess in bravouröser Offiziers-Manier wegsteckte, hatte Franz Ferdinand zunehmend mit seiner schwächlichen Konstitution zu kämpfen. Mit den Jahren machte sich die Lungenkrankheit, die er von seiner Mutter geerbt hatte, immer stärker bemerkbar. Nur das war der Grund, aus dem er mit Otto nicht ganz mithalten konnte. Seine ungezügelte Leidenschaft brach sich auf andere Weise Bahn: in seinen heftigen cholerischen Anfällen und in seiner alle Maße sprengenden Jagdlust.

Die Frage der Nachfolge

Der Tod Kronprinz Rudolfs in Mayerling im Jänner 1889 veränderte Franz Ferdinands Leben mit einem Schlag. Er selbst war im Jahr zuvor zum Major befördert und nach Prag versetzt worden. Nun war Erzherzog Karl Ludwig der erste in der Thronfolge – das aber konnte sich im ganzen Reich niemand ernsthaft vorstellen. Karl Ludwig war für das höchste Amt im Staat weder vorbereitet, noch hatte er auch nur das geringste Interesse daran. Dass er auf die Thronfolge zugunsten seines Sohnes Franz Ferdinand verzichten würde, galt allgemein als sicher. Festgelegt freilich wurde nichts. Der Kaiser selbst mied das Thema. Franz Ferdinand lag ihm nicht am Herzen. Dass dieser Schwebezustand für seinen Neffen Jahre bitterster Ungewissheit bedeuten musste, berührte ihn nicht. Ebenso wenig wie seine sonstigen Wünsche.

Kaiser Franz Joseph beförderte Franz Ferdinand 1890 zum Oberst und versetzte ihn von Prag in das Husarenregiment Nr. 9 „Graf Nádasdy" in Ödenburg. Das war alles andere als lustig. Die Garnison war hauptsächlich von Ungarn besetzt, man hörte kein deutsches Wort. Auf Fragen wurde grundsätzlich ungarisch geantwortet und davon verstand der frisch gebackene Oberst kein Wort. Franz Ferdinand ersuchte den Kaiser, die Versetzung rückgängig zu machen. Er erhielt eine glatte Abfuhr.

Ödenburg wurde für Franz Ferdinand aber auch aus anderen Gründen zur Katastrophe. Er begann unter Fieberschüben, Husten und Nachtschweiß zu leiden. Seine Ärzte legten ihm nahe, das Rauchen aufzugeben. Diese Maßnahme brachte jedoch keine Besserung und nicht nur das: Franz Ferdinands Zustand verschlechterte sich rapid. Als seine Zustände unerträgliche Formen annahmen, ersuchte er um Beurlaubung vom Dienst, um in Wien Ärzte konsultieren zu können. Ihre Diagnose war vernichtend: Das schwere Lungenleiden seiner Mutter war auch bei ihm voll ausgebrochen.

In der Hoffnung, dass ihm ein langer Aufenthalt auf See zuträglich sein könnte, erteilte ihm Kaiser Franz Joseph 1892 die Erlaubnis zu einer Reise um die Welt. Um ihm ein herzliches Lebewohl zu sagen, kamen seine engsten Familienangehörigen, darunter Otto, nach Triest. Dort wurde im Salon des Kriegsschiffes „Greif" etwas verfrüht sein 29. Geburtstag gefeiert. Otto unterhielt die Gäste mit einer höchst launigen Rede und mit lustigen Späßen. Am nächsten Morgen stach die „Elisabeth" zu den Klängen von Franz Ferdinands Lieblingsmarsch „O du mein Österreich" in See. Otto und die anderen Familienmitglieder gaben ihr auf der „Greif" noch bis Pirano das Geleit, dann verschwand sie in den Weiten des Mittelmeeres.

Franz Ferdinands während dieser zehn Monate dauernden Reise geführtes Tagebuch fand später größtes öffentliches Interesse. Sein Bruder Otto hingegen sorgte bald nach seiner Rückkehr in Wien mit neuen Eskapaden für Furore.

Skandal im Sacher

Legendär wurde Ottos Auftritt im Hotel Sacher, den ein Bio-
graph Kaiser Franz Josephs so beschrieb: „Eines Abends dinierte
Erzherzog Otto in lustiger Gesellschaft im berühmten Hotel
Sacher, das der Adel, vorzüglich der des Gaumens, gern besucht.
Nach dem Diner geht er aus seinem Einzelzimmer oder Chamb-
re séparée, wie man in Wien sagt, wenn man glaubt, ein sehr pa-
riserisches Französisch zu sprechen. Völlig betrunken, spaziert er
in den Korridoren splitternackt herum, mit nichts als Schurz als
seinem Säbelumhang. In diesem Aufzug begegnet er dem englischen Botschafter, der seine Frau und Tochter zur Garderobe
geleitet. Franz Joseph, der sich peinlich genau Polizeiberichte
über alles vorlegen ließ, was ein Mitglied seiner Familie betraf,
erhält sofort Meldung über diesen Skandal, der auch durch die
Zeitungen ruchbar wird …" [11]

Reagiert hat der Kaiser auf diesen Eklat in gewohnter Strenge.
Er verdonnerte Otto zu einem zweimonatigen Aufenthalt im
Kloster. Ob diese Strafe läuternde Wirkung hatte, ist allerdings
zu bezweifeln: Zeitgenössischen Berichten zufolge sollen die
Mönche einen drastischen Schwund ihrer Weinvorräte beklagt
haben.

Was dem Auftritt im Sacher zusätzliche Pikanterie verlieh,
war der Umstand, dass Otto zu diesem Zeitpunkt faktisch als
Thronfolger galt. Die lange Seereise hatte Franz Ferdinand die
erhoffte Linderung seines Leidens nicht gebracht. Im Gegenteil.
Zurück in Wien, stellten die Ärzte fest, dass die Tuberkulose
weiter fortgeschritten war. Von nun an musste Franz Ferdinand
jahrelang von einem Kuraufenthalt zum anderen reisen, in die
Alpen, dann an die Adria und nach Meran.

Die Kuren, das tagelange Stillliegen und der Mangel an Abwechslung und Unterhaltung, das alles hatte Franz Ferdinand
oft an den Rand der Verzweiflung gebracht. Für den Winter 1896
war ein Aufenthalt in Ägypten geplant. Um ihm den Aufenthalt
zu erleichtern, war seine Familie angereist, Vater Karl Ludwig,
Stiefmutter Maria Theresia und seine beiden Stiefschwestern.
Gemeinsam war man auf einem Nilschiff von Assuan nach Kai-

Otto und sein Bruder Franz Ferdinand beim eleganten Diner im Sacher. Dieses Hotel wurde später zum Schauplatz eines fulminanten Skandals

ro gefahren. Dort hatten sich die Wege getrennt. Erzherzog Karl Ludwig war mit seiner Familie ins Heilige Land gereist – um für die Genesung seines Sohnes zu beten.

Das Heilige Land aber war dem frommen Erzherzog Karl Ludwig zum Verhängnis geworden. Er hatte Jordan-Wasser getrunken und sich dadurch eine schwere Infektion zugezogen. Kurz nach seiner Rückkehr in die Heimat war er dem Typhus erlegen. Damit war Franz Ferdinand in der Thronfolge auf den ersten Platz vorgerückt. Zu einem Zeitpunkt allerdings, an dem ihn die Ärzte praktisch aufgegeben hatten. Immer öfter wurde daher von dem „schönen Otto" als Thronfolger gesprochen.

Die Eskapaden gehen weiter

Gewissen Kräften in der Monarchie war das nur recht. Von Otto waren keinerlei rebellische oder liberale Aktivitäten zu befürchten, die sich gegen den konservativen Regierungsstil des Hauses Habsburg gerichtet hätten. Mangels politischer Ambitionen schien er „pflegeleicht" und leicht manipulierbar. Angesichts der schweren Erkrankung Franz Ferdinands ersuchte Außenminister Graf Goluchowski den Kaiser, die Frage des Thronfolgers neu zu überdenken.

Erzherzog Otto war inzwischen im Zuge seiner militärischen Karriere in Wien gelandet. Er war bis 1893 dem Infanterieregiment Humbert I. in Prag zugeteilt gewesen und hatte mit seiner Familie auf dem Hradschin gelebt. Danach wurde er Divisions- und Regimentskommandant der „Neuner-Husaren" in Ödenburg. Nach dem Tod seines Vaters hatte er nun in Wien das Kommando der 10. Kavalleriebrigade übernommen und war zum Generalmajor aufgestiegen.

Ein seinem Rang und seiner Stellung entsprechendes Verhalten allerdings legte er noch lange nicht an den Tag. Er bereicherte die Wiener Gesellschaft nach wie vor um erstklassige Skandal-Geschichten. Eine davon trug sich zur Abwechslung im vornehmen Hotel Imperial zu. Der Franz-Joseph-Biograph: „Ein anderes Mal verzankt er sich mit einer seiner Freundinnen, der er im Zimmer eines der vornehmsten Hotels Wiens, dem Imperial, ein Rendez-vous gegeben hatte und die, von seinen Drohungen erschreckt, davonläuft. Der Erzherzog verfolgt sie in dürftigster Bekleidung, seinen Säbel schwingend. An der Biegung eines Ganges prallt er mit aller Gewalt auf eine andere Botschafterin, die – nicht bildlich – auf den Rücken fällt. Kaum ist sie wieder auf den Beinen, grüßt sie – wenn man den auf den Lärm herbeigeeilten Gästen Glauben schenkt – den Erzherzog gemäß der Etikette, der ihr instinktiv wie nur ein österreichischer Kavalier, selbst wenn er süßen Weines voll ist, die Hand küßt und sie mit ‚Frau Botschafterin' anspricht. Als Vertreterin einer Demokratie ist sie natürlich von den kaiserlichen und königlichen Hoheiten ungleich mehr geblendet als die Botschafterinnen regierender Häuser, sinkt in den tiefsten Hofknix und verschwendet diese Anrede an die beschwipste Unterhose ..."[12]

Dass man in Otto den zukünftigen Kaiser sah, war um das Jahr 1896 aber trotz allem nicht mehr zu übersehen. Er selbst kümmerte sich darum allerdings sehr wenig. Bei „steifen" Festbanketten zum Beispiel ließ er seiner künstlerischen Ader gerne

Der schöne Otto: immer umgeben von hübschen Frauen

freien Lauf und kritzelte witzige Karikaturen auf die Rückseite der Menükarten, sodass das Servierpersonal Mühe hatte, Haltung zu bewahren. Unter vorgehaltener Hand tuschelte die feine Gesellschaft auch darüber, dass er eine Wette darüber gewonnen hätte, mit einer auf seinem völlig nackten Körper aufgemalten Uniform einen Spazierritt durch die Prater-Hauptallee zu machen.

Der Kaiser nahm davon keine Notiz. Er mochte seinen hübschen, charmanten Neffen und er schaffte es nicht, ihm aus irgendeinem Grund ernstlich bös' zu sein. Ein Beweis dafür, dass er ihn dem düsteren, hüstelnden Franz Ferdinand mit dem fiebrig-flackernden Blick vorzog, wurde darin gesehen, dass er Otto das hübsche Augartenpalais samt pompösem Hofstaat als repräsentativen Wohnsitz übertrug. Und dass er ihm erlaubte, ihn bei höchst wichtigen Repräsentationsaufgaben wie der Zarenkrönung in Russland zu vertreten.

Franz Ferdinand, enttäuschter Thronerbe

Franz Ferdinand verfolgte diese Entwicklung und auch das Netz von Intrigen, das in Wien gesponnen wurde, zähneknirschend.

Als der Kaiser in einem Brief bei ihm anfragte, ob er sich gesundheitlich stark genug fühle, die Arbeiten zu übernehmen, die bisher sein Vater erledigt hatte – es waren in erster Linie Gnadengesuche – oder ob er damit einverstanden wäre, wenn er auch diese Aufgaben seinem Bruder Otto übertrage, war das Maß voll. Jetzt schäumte er vor Wut. Am 19. Dezember 1896 schrieb er an die Fürstin Fugger-Babenhausen: „Sie werden begreifen, daß ich in der traurigen und lächerlichen Stellung, in die ich hineingezwungen worden bin, als mit Wartegebühr beurlaubter Thronfolger mich nicht in Wien zeigen will und dort nichts zu suchen habe. Es ist unerhört, was der in seiner Meinung gottähnliche Goluchowski und dessen Konsorten erfinden, um mich zu kränken, vor den Kopf zu stoßen und einfach moralisch tot zu machen. Diese ganze Komödie mit dem Augarten ist ja nur darauf angelegt. Wie Sie ja wissen, stand ich, als mein geliebter Vater noch lebte, in demselben Verhältnis (ja sogar direkt näher dem Thron), wie jetzt mein Bruder zu mir. Und da geschah nie etwas für mich. Ich mußte in dieser Hühnersteige in der Beatrixgasse (im Modena-Palais) wohnen und kein Mensch kümmerte sich um mich. Jetzt auf einmal bekommt Otto Augarten, Hofhaltung, Hofküche, Lipizzaner in Wien und am Lande usw. Bei Gott, glauben Sie mir, es ist nicht Neid, der da aus mir spricht. Ich gönne dem guten Otto, der mich ja immer unter Tränen um Verzeihung bittet, alles und noch mehr, aber es ist das Gefühl der Gerechtigkeit, das aus mir spricht, und dann das Gefühl, in welchem Lichte ich stehe …"[13] Otto hatte nicht die geringste Lust auf das höchste Amt im Staat, das wusste Franz Ferdinand genau. Aber trotzdem war jetzt sein Ehrgeiz geweckt. Er wollte gesund werden, koste es, was es wolle. Also willigte er in den Vorschlag seiner Ärzte ein, den Winter im milden Klima von Algier zu verbringen und den Frühling in Cannes. Er war fest dazu entschlossen, seine Krankheit zu überwinden, und er kämpfte um seine Gesundheit. Tatsächlich trat ein, was niemand mehr zu hoffen gewagt hatte: Die Fieberschübe ließen nach, der Husten klang ab, die Ärzte durften konstatieren, dass die Tuberkulose besiegt war. Jetzt bestätigte der Kaiser Franz Ferdinand schriftlich seine Stellung als Thronfolger – und Erzherzog Otto fielen schwere Steine vom Herzen.

Das Augartenpalais, ursprünglich als kleines Gartenschloss nach Entwürfen von Johann Bernhard Fischer von Erlach erbaut und einst Schauplatz für Künstlerabende mit berühmten Gästen wie Franz Liszt, Hans Makart, Johann Strauß und Richard Wagner, erstrahlte längst in neuem Glanz. Erzherzog Otto hatte das Palais, das heute den Wiener Sängerknaben gehört, im Bereich des ovalen Kernteils aufstocken lassen. Zwei lange, zweistöckige Seitenflügel mit je einem betonten Eckpavillon und ein repräsentatives Stiegenhaus waren entstanden. Ab 1896 lebte Maria Josepha mit ihren Söhnen Karl und Maximilian Eugen in diesem hübschen Palais.

Offiziell war das Augartenpalais auch der Wohnsitz von Erzherzog Otto. Dieser liebte es, Zeit mit seinen beiden Söhnen zu verbringen. Er fertigte von ihnen gerne Fotos an, oft wurde auch ausgelassen gespielt und herumgetollt. Besonders mit Karl, der später zum letzten Kaiser Österreichs werden sollte und den Leopold Wölfling folgendermaßen charakterisierte: „Er war als Knabe aufgeweckt; schlug jedoch in seinem Charakter mehr der Mutter nach, die sehr fromm und devot die Pflichten der Religion auf das allergewissenhafteste befolgte …"[14]

Die Zweitfamilie

Allerdings: Allzu oft ging es im Palais Augarten nicht ausgelassen und lustig zu. Die Augenblicke, in denen Otto seinen Söhnen zum Entsetzen ihrer Mutter unkonventionelle Dinge erlaubte, wie auf dem Tisch zu sitzen, waren rar. Erzherzog Otto hatte schon seit Jahren parallel zu seiner offiziellen auch noch eine zweite Familie. Er hatte sich in eine schöne Tänzerin der Wiener Hofoper verliebt, in Marie Schleinzer, die Tochter eines Sicherheitswachmanns. Als Marie Mutterfreuden entgegensah, wurde für sie aus Gründen der Diskretion ein kleines Försterhaus in dem steirischen Ort Niedersigen angemietet. Dort brachte sie im November 1892 ihren Sohn Alfred zur Welt, den Otto später anerkannte. Bei dem zweiten Kind verzichtete man schon weitgehend auf Geheimnistuerei. Tochter Hildegard wurde im März 1894 in Wien geboren.

Marie Schleinzer heiratete später in Abbazia den Arzt Dr. Julius Hortenau. Gemunkelt wurde, dass dabei der Kaiser seine Hand im Spiel hatte, dem viel daran gelegen war, dass die Mätresse seines Neffen aus Wien verschwand. Fest steht jedenfalls, dass der aus bürgerlichen Kreisen stammende Arzt nach der Heirat plötzlich zum Edlen von Hortenau aufstieg, dass die beiden Kinder Alfred und Hildegard seinen Namen trugen und dass die Familie in Abbazia die elegante Villa Hortenau bewohnte, die ehemalige Villa Splendid. Beide Kinder wanderten später in die USA aus. Sie müssen zahlreiche Nachkommen gehabt haben, die Namen Hortenau und Vonhortenau kommen vor allem in den Telefonbüchern von Colorado sehr häufig vor. Ihre Mutter starb 1949 in Abbazia und dort wurde sie auch begraben.

Maria Josepha blieb trotz allem nicht völlig einsam im Augartenpalais zurück. Als Besucher empfing sie oft den jungen, gefeierten Burgschauspieler Otto Tressler. Unter vorgehaltener Hand erzählte man sich in Wien sogar, dass die fromme Erzherzogin, die ganz genau über die Affären ihres Ehemannes Bescheid wusste, eines Tages bei Kaiser Franz Joseph vorstellig geworden sein und um die allerhöchste Gestattung gleicher Rechte gebeten haben soll. Was der Kaiser geantwortet hat, ist nicht überliefert. Dass Otto Tressler zumindest bei Geselligkeiten und Soiréen oft anwesend war, hingegen schon. Nach dem Tod Erzherzog Ottos allerdings ging das Paar getrennte Wege. Und Tressler, neben Raoul Aslan der „souveränste Schwimmer" (Textvergesser) des Burgtheaters, der später pikanterweise in Ernst Marischkas Sissi-Trilogie mitwirkte, erwies sich als echter Gentleman: Er erwähnte die enge Beziehung zur Erzherzogin in seiner Autobiographie mit keinem Wort.

Eine private Theateraufführung: Erzherzog Otto gemeinsam mit seiner Frau Maria Josefa und seiner Stiefmutter Maria Theresia von Portugal

Neues Heim, neue Liebschaft

Als der begeisterte Reiter und Pferde-Liebhaber Erzherzog Otto 1896 erfuhr, dass in Kottingbrunn eine Pferde-Rennbahn errichtet werden sollte, kaufte er Schloss Schönau nahe Baden. Der durch Baumwollspinnereien zu Reichtum gelangte Baron Braun hatte dieses Schloss samt Park und einem „Tempel der Nacht" Ende des 18. Jahrhunderts zu einem hochinteressanten Adelssitz gemacht. Als Erzherzog Otto zum neuen Schlossherren wurde, blieb kein Stein auf dem anderen. Er ließ vom alten Schloss zwei Drittel der Bausubstanz abtragen und alles neu aufbauen. Dabei legte der gelernte Drechsler immer wieder selbst Hand an. Was entstand, war ein großes Gebäude mit vorspringenden Dachrändern, Galerien und Anbauten mit Lauben, an deren Ecken sich Heiligenfiguren befanden. Das Gebäude war auch technisch auf dem modernsten Stand. Ein Zeitgenosse: „Es gab ein eigenes Maschinenhaus mit einem achtpferdigen Kraftmotor zum Wasserheben und zur Erzeugung des electrischen Lichtes. Mit Aussicht auf den Kottingbrunner Rennplatz … ließ sich der hohe Herr also eine ‚Hochparterre-Villa' als Absteigequartier erbauen … Dieser launige Bau mit seinen hohen Giebeln, den vielen Erkern, Logen, Statuetten und verschieden großen Fenstern, gibt Zeugnis davon, daß der Erbauer das Unregelmäßige und Symmetrielose liebt. Regelmäßig ist nur, daß sich die Unregelmäßigkeiten in allen bisherigen Schaffungen zeigen!" [15]

Das Jahr 1899 brachte Erzherzog Otto einen weiteren Karrieresprung. Er wurde zum Kommandanten der Kavallerie-Truppendivision Wien ernannt. Mittlerweile hatte er auch eine neue Geliebte: Louise Robinson, eine Schauspielerin – oder, wie man damals sagte, ein „Soubrettl". Erzherzog Otto holte die erst 22-jährige Schönheit aus dem Carl-Theater, nahm sie mit in sein Schloss Schönau und machte sie zu seiner Haushälterin. Auch dieser Verbindung entstammen zwei Kinder, eine Tochter erkannte Otto an. Louise sollte sich in den kommenden Jahren als überaus treue und aufopfernde Gefährtin erweisen.

Das ausschweifende Leben hat Folgen

Bald nach der Jahrhundertwende nahm Erzherzog Ottos Leben eine tragische Wendung. Bei einem Aufenthalt in Frankreich, möglicherweise in Monte Carlo, steckte er sich mit Syphilis an. Die überaus qualvolle Krankheit, die offiziell als Kehlkopfentzündung bezeichnet wurde, brach im Frühsommer 1904 mit voller Wucht aus. Erzherzog Otto musste aus Gesundheitsrücksichten seines Dienstes enthoben werden. Er reiste in den Süden und gewann dadurch so viel an Kraft, dass er sich im Oktober wieder zum Dienstantritt melden konnte. Er sah frisch aus, erklärte auch, sich vollständig wohl zu fühlen, und ganz schien es so, als wäre er wieder im Vollbesitze seiner Gesundheit. Im November avancierte er zum General der Kavallerie und wurde gleichzeitig zum Generalinspektor der Kavallerie ernannt.

Die Hoffnung, dass Erzherzog Otto genesen sei, erfüllte sich aber nicht. Schon im Dezember 1904 musste er abermals um Urlaub ansuchen, den er in Ägypten verbrachte. Später reiste er nach Meran, wo er bis zum Frühjahr 1905 verblieb. Von nun an machte die Krankheit in einer sogar für die behandelnden Ärzte unfassbaren Virulenz Fortschritte. Innerhalb weniger Monate, die er in Bad Hall und Schönau verbracht hatte, war der „schönste Husar" Österreichs ein Schatten seiner selbst. Nur wenige Jahre, bevor mit „Salversan" ein wirksames Mittel gegen diese grauenhafte Krankheit gefunden wurde, war sein Gesicht entsetzlich entstellt. Die Syphilis hatte seine Nase zerfressen, er musste sich mit Prothesen aus Kautschuk behelfen. Das Atmen und Sprechen fiel ihm schwer.

Im Dezember 1905 sahen die Ärzte nur noch in einer Operation die Möglichkeit, das Leben des hohen Patienten zu retten. Professor Chiari nahm im Augartenpalais eine Tracheotomie vor. Die Operation gelang zwar, von diesem Zeitpunkt an war der Erzherzog aber gezwungen, eine Kanüle zu tragen. „Jeder Atemzug ist mir eine Qual", schrieb er in einem Brief. Als einzige von der Familie kümmerte sich seine Stiefmutter Maria Theresia liebevoll um ihn. Sie war es, die ihm viele Nächte an seinem Bett wachte und ihm den Kopf hielt, damit sich die Kanüle nicht verschob und er wenigstens ein paar Stunden schlafen konnte.

An ein Erscheinen des Erzherzogs in der Öffentlichkeit war längst nicht mehr zu denken. In den letzten Julitagen des Jahres 1906 trat er von seinem Posten als General-Kavallerie-Inspektor zurück. Aufopfernd gepflegt von Louise Robinson, lebte er bis zum 20. Oktober auf Schloss Schönau. Dann wurde er in seine Villa im Währinger Cottage gebracht, in der ihn Louise als „Schwester Martha" weiterhin liebevoll pflegte. Am Allerheiligentag 1906 waren seine unendlichen Qualen zu Ende. Er fiel gegen 17 Uhr in eine Ohnmacht, aus der er nicht mehr erwachen sollte.

Die Trauernden

Kurz nach seinem Ableben kam der Kaiser an sein Sterbebett, danach kamen Erzherzog Franz Ferdinand mit seiner Gattin und weitere Mitglieder des Kaiserhauses. Spätabends wurde sein Sarg ins Palais Augarten gebracht, wo er im Schreibzimmer aufgebahrt wurde. Maria Josepha hatte sich in Cannes aufgehalten. Sie kam zu den Trauerfeierlichkeiten zwar nach Wien, weigerte sich aber, das Palais zu betreten, bevor es umfassend desinfiziert worden war.

Wie beliebt Erzherzog Otto war, lässt sich allein an den Nachrufen der Wiener Zeitungen ablesen. „Sport und Salon" zum Beispiel rühmte Ottos blendendes Aussehen: „... Sein Körper war von der Natur verschwenderisch ausgestattet, er war geradezu ein Ideal männlicher Schönheit; das edle Ebenmaß seiner hoch aufragenden Gestalt begeisterte, wo immer er sich auch zeigte. Die kraftvoll geschwungenen Linien seines Antlitzes schienen wie von einem Bildhauer gemeißelt. Das Feuer seiner Augen, der Wohlklang seiner Stimme übten einen bestrickenden Zauber aus, und die Art und Weise, wie er sich gab, die ihm eigene, bestrickende Liebenswürdigkeit eroberten ihm die Herzen aller ..." [16]

Und in „Wiener Bilder" stand zu lesen: „Eines der populärsten Mitglieder unseres Kaiserhauses, der Neffe des Kaisers, Erzherzog Otto, ist am Abend des 1. November nach langem, schwerem Leiden im 42. Lebensjahr gestorben. Mit Erzherzog Otto, der allerdings seit zwei Jahren infolge seines Leidens in vollster Zurückgezogenheit lebte, der jedoch früher oft und überall in blühender Kraft und Schönheit zu sehen war, ist der „fescheste Erzherzog" – wie man ihn in Wien nannte – aus dem Leben geschieden und es ist ein tragisches Geschick, das sich an dem einst blühenden Prinzen erfüllte ..." [17]

Tragisch war auch das Schicksal der Frau, die Erzherzog Otto in der schwersten Zeit seines Lebens zur Seite stand und die zu seiner hingebungsvollen Pflegerin wurde, Louise Robinson. Wie das Leben von Erzherzog Ottos letzter Liebe verlief, die vom Kaiser einen höchst respektablen Geldbetrag erhalten hatte, ist ihrem Nachruf aus dem Jahr 1934 zu entnehmen: „Vor dem Kriege heiratete Luise Robinson einen polnischen Baron Poglodowsky, aber in dieser Ehe zerflatterte der vom alten Kaiser seinerzeit gespendete Betrag, ein Riesenvermögen von 200 000 Goldkronen zerrinnt teils am Spieltisch, den Rest entwertete die Inflation. Eine Frau, in deren Zügen noch immer die Reste einstiger Schönheit zu sehen sind, lebt im Nachkriegs-Wien allein. Ihr Sohn, der als Elektrotechniker in Wien gearbeitet hat und ihre Tochter, die eine Zeitlang Gouvernante in Wiesbaden war, können kein Betätigungsfeld finden und wandern nach Amerika aus. Luise v. Poglodowsky muß, aller Mittel entblößt, schließlich von Unterstützungen einiger Freunde ihr Leben fristen, ein trauriges, leeres und entbehrungsreiches Leben. Samstag nacht ist nun die berühmte Frau einer Grippe erlegen, der ihr müdes, gepeinigtes, von tausend Lebenssorgen geschwächtes Herz nicht mehr standhalten konnte." [18]

Das Time Magazine brachte am 26. November 1934 sogar eine Notiz von ihrem Ableben, aus der hervorging, dass sich die einst gefeierte Schönheit der österreichisch-ungarischen Monarchie, die Geliebte von Erzherzog Otto, zuletzt als Straßenbettlerin durchbringen musste …

Verglichen damit traf es Maria Josepha noch besser. Sie verblieb im Augartenpalais und pflegte dort während des Ersten Weltkriegs Verwundete. Da die Kinder von Franz Ferdinand aus seiner morganatischen Ehe mit Sophie Chotek von der Thronfolge ausgeschlossen waren, wurde ihr Sohn Karl 1916 zu Österreichs letztem Kaiser. 1919 ging sie mit ihm und seiner Frau Zita ins Exil. Sie starb 1944 mit 76 Jahren auf Schloss Wildenwart in Bayern. Ihre Gebete blieben letztendlich doch nicht ungehört. Karl wurde 2004 selig gesprochen.

Anmerkungen

Kapitel 1: Der Herr Wölfling

1 Leopold Wölfling: Habsburger unter sich: Freimütige Aufzeichnungen eines ehemaligen Erzherzogs. Verlag Goldschmidt-Gabrielli, Berlin-Wilmersdorf 1921, S. 23.

2 Leopold Wölfling: Habsburger unter sich: Freimütige Aufzeichnungen eines ehemaligen Erzherzogs. Verlag Goldschmidt-Gabrielli, Berlin-Wilmersdorf 1921, S. 29.

3 Leopold Wölfling: Habsburger unter sich: Freimütige Aufzeichnungen eines ehemaligen Erzherzogs. Verlag Goldschmidt-Gabrielli, Berlin-Wilmersdorf 1921, S. 61.

4 Leopold Wölfling: Habsburger unter sich: Freimütige Aufzeichnungen eines ehemaligen Erzherzogs. Verlag Goldschmidt-Gabrielli, Berlin-Wilmersdorf 1921, S. 97.

5 Leopold Wölfling: Habsburger unter sich: Freimütige Aufzeichnungen eines ehemaligen Erzherzogs. Verlag Goldschmidt-Gabrielli, Berlin-Wilmersdorf 1921, S. 97.

6 Leopold Wölfling: Als ich Erzherzog war: Meine Erinnerungen. Dr. Selle-Eysler, Berlin 1935, S. 118.

7 Leopold Wölfling: Als ich Erzherzog war: Meine Erinnerungen. Dr. Selle-Eysler, Berlin 1935, S. 118.

8 Leopold Wölfling: Als ich Erzherzog war: Meine Erinnerungen. Dr. Selle-Eysler, Berlin 1935, S. 118.

9 zitiert nach Friedrich Weissensteiner: Die anderen Habsburger. Österreichischer Bundesverlag, Wien 1987, S. 284

10 Leopold Wölfling: Als ich Erzherzog war: Meine Erinnerungen. Dr. Selle-Eysler, Berlin 1935, S. 118.

11 Leopold Wölfling: Als ich Erzherzog war: Meine Erinnerungen. Dr. Selle-Eysler, Berlin 1935, S. 118.

12 zitiert nach Friedrich Weissensteiner: Die anderen Habsburger. Österreichischer Bundesverlag, Wien 1987, S. 285.

13 Chiavaccis's Wiener Bilder: Illustriertes Familienblatt, Wien: Donnerstag, 1. Jänner 1903.

14 Wilhelmine Wölfling Adamovic: Meine Memoiren. Verlagsbuchhandlung Hermann Walther, Berlin 1908.

15 Wilhelmine Wölfling Adamovic: Meine Memoiren. Verlagsbuchhandlung Hermann Walther, Berlin 1908.

16 zitiert nach Friedrich Weissensteiner: Die anderen Habsburger. Österreichischer Bundesverlag, Wien 1987, S. 287.

17 Leopold Wölfling: Habsburger unter sich: Freimütige Aufzeichnungen eines ehemaligen Erzherzogs. Verlag Goldschmidt-Gabrielli, Berlin-Wilmersdorf 1921, S. 176.

18 Leopold Wölfling: Habsburger unter sich: Freimütige Aufzeichnungen eines ehemaligen Erzherzogs, Verlag Goldschmidt-Gabrielli, Berlin-Wilmersdorf 1921.

19 Leopold Wölfling: Habsburger unter sich. Freimütige Aufzeichnungen eines ehemaligen Erzherzogs, Verlag Goldschmidt-Gabrielli, Berlin-Wilmersdorf 1921.

20 Luise von Toscana: Mein Lebensweg. Verlag der Kunst, Dresden 2001. S. 160–161, © Verlag Carl Ueberreuter 1988.

21 zitiert nach Friedrich Weissensteiner: Die anderen Habsburger. Österreichischer Bundesverlag, Wien 1987 S. 289.

22 Josef Schmall: Nachwort. In: Wilhelmine Wölfling Adamovic: Meine Memoiren. Verlagsbuchhandlung Hermann Walther, Berlin 1908, S. 214, 215 und 217.

23 Josef Schmall: Nachwort. In: Wilhelmine Wölfling Adamovic: Meine Memoiren. Verlagsbuchhandlung Hermann Walther, Berlin 1908, S. 214, 215 und 217.

24 Karl Kraus: in: „Die Fackel", Nr. 217, VIII. Jahr vom 23. Jänner 1907.

25 zitiert nach Carl-Peter Steinmann: Von Karl May zu Helmut Newton: Spurensuche in Berlin. Transit Buchverlag, Berlin (Abdruck Berliner Morgenpost vom 14. Oktober 2006).

26 zitiert nach Friedrich Weissensteiner: Die anderen Habsburger. Österreichischer Bundesverlag, Wien 1987, S. 291.

27 Leopold Wölfling: Als ich Erzherzog war: Meine Erinnerungen. Dr. Selle-Eysler, Berlin 1935, S. 182.

28 Leopold Wölfling: Als ich Erzherzog war: Meine Erinnerungen. Dr. Selle-Eysler, Berlin 1935, S. 182.

29 Leopold Wölfling: Als ich Erzherzog war: Meine Erinnerungen. Dr. Selle-Eysler, Berlin 1935, S. 182.

30 zitiert nach Carl-Peter Steinmann: Von Karl May zu Helmut Newton: Spurensuche in Berlin. Transit Buchverlag, Berlin (Abdruck Berliner Morgenpost vom 14. Oktober 2006).

Kapitel 2: Die Ausreißerin

1 Luise von Toscana: Mein Lebensweg. Verlag der Kunst, Dresden 2001, S. 20, © Verlag Carl Ueberreuter 1988.

2 Luise von Toscana: Mein Lebensweg. Verlag der Kunst, Dresden 2001, S. 23, © Verlag Carl Ueberreuter 1988.

3 Luise von Toscana: Mein Lebensweg. Verlag der Kunst, Dresden 2001, S. 26, © Verlag Carl Ueberreuter 1988.

4 Luise von Toscana: Mein Lebensweg. Verlag der Kunst, Dresden 2001, S. 49, © Verlag Carl Ueberreuter 1988.

5 Luise von Toscana: Mein Lebensweg. Verlag der Kunst, Dresden 2001, S. 49, © Verlag Carl Ueberreuter 1988.

6 Luise von Toscana: Mein Lebensweg. Verlag der Kunst, Dresden 2001, S. 107, © Verlag Carl Ueberreuter 1988.

7 zitiert nach Klaus Hoffmann-Reicker: Ein hochkarätiger Skandal. Wiener Zeitung: Mai 2001.

8 Luise von Toscana: Mein Lebensweg. Verlag der Kunst, Dresden 2001, S. 81, © Verlag Carl Ueberreuter 1988.

9 Luise von Toscana: Mein Lebensweg. Verlag der Kunst, Dresden 2001, S. 157, © Verlag Carl Ueberreuter 1988.

10 Luise von Toscana: Mein Lebensweg. Verlag der Kunst, Dresden 2001, S. 163, © Verlag Carl Ueberreuter 1988.

11 zitiert nach Klaus Hoffmann-Reicker: Ein hochkarätiger Skandal. Wiener Zeitung: Mai 2001.

12 zitiert nach Chiavaccis's Wiener Bilder: Illustriertes Familienblatt, Wien: Donnerstag, 11. März 1903.

13 Felix Salten: Das Buch der Könige. Müller, München und Leipzig 1905.

14 Leopold Wölfling: Habsburger unter sich: Freimütige Aufzeichnungen eines ehemaligen Erzherzogs. Verlag Goldschmidt-Gabrielli, Berlin-Wilmersdorf 1921, S. 37.

15 Luise von Toscana: Mein Lebensweg. Verlag der Kunst, Dresden 2001, S. 219, © Verlag Carl Ueberreuter 1988.

16 New York Times: 12. Mai 1907.

17 Enrico Toselli: Meine Ehe mit Louise von Toscana. Verlag Paul Schmidt, Basel, St. Ludwig, S. 15.

18 Enrico Toselli: Meine Ehe mit Louise von Toscana. Verlag Paul Schmidt, Basel, St. Ludwig, S. 15.

19 Enrico Toselli: Meine Ehe mit Louise von Toscana. Verlag Paul Schmidt, Basel, St. Ludwig, S. 25.

20 Enrico Toselli: Meine Ehe mit Louise von Toscana. Verlag Paul Schmidt, Basel, St. Ludwig, S. 56.

21 Enrico Toselli: Meine Ehe mit Louise von Toscana. Verlag Paul Schmidt, Basel, St. Ludwig, S. 143.

22 New York Times: 23. August 1908.

23 zitiert nach Erika Bestenreiner: Luise von Toscana. Piper, München, Zürich 2000, S. 267.

Kapitel 3: Ludwig Viktor

1 Wiener Zeitung: Dienstag, 17. Mai 1842.

2 Gerd Holler: Sophie: Die heimliche Kaiserin; Mutter Franz Joseph I. Weltbild, Augsburg 2004, S. 21.

3 zitiert nach Martha Schad: Elisabeth von Österreich. dtv, Leipzig 2004, S. 30.

4 zitiert nach Egon Caesar Conte Corti: Vom Kind zum Kaiser. Pustet, Graz, Salzburg, Wien 1952, S. 99.

5 zitiert nach Anna Maria Sigmund: Die verschollenen Tagebücher Franz Josephs. Böhlau Verlag, Wien, Köln, Weimar 1999, S. 88.

6 zitiert nach Heimo Cerny: Die Jugend-Tagebücher Franz Josephs (1843–1848). Böhlau Verlag, Wien, Köln, Weimar 2003, S. 89.

7 zitiert nach Brigitte Hamann: Die Habsburger. Ein biographisches Lexikon, Amalthea, Wien, München 2001, S. 421.

8 zitiert nach Hans Flesch-Brunningen: Die letzten Habsburger in Augen-
   zeugenberichten, Rauch, Düsseldorf 1967.
9 zitiert nach Brigitte Hamann: Elisabeth. Kaiserin wider Willen. Amalthea,
   Wien, München 1991, S. 189–190.
10 zitiert nach Egon Caesar Conte Corti: Elisabeth. Weltbild, Augsburg
   2003, S. 202.
11 Max Reversi: Erzherzog Ludwig Viktor von Österreich: Eine philosophi-
   sche Studie. Adolf Brand/ Der Eigene, Berlin-Wilhelmshagen 1923, S. 8.
12 Nora Fugger: Im Glanz der Kaiserzeit. Amalthea, Zürich, Leipzig, Wien
   1931, S. 126ff.
13 Gabriele Praschl-Bichler: Historische Photographien aus den Alben des
   Kaiserbruders Erzherzog Ludwig Victor. Amalthea, Wien, München 1999.
14 Egon Dietrichstein: Die Berühmten. Wiener Literarische Anstalt, Wien,
   Berlin 1920, S. 11.
15 Lieselotte von Eltz-Hoffmann: Ludwig Viktor (1842–1919): Ein Gönner
   Salzburgs. Artikel in Bastei, Zeitschrift des Salzburger Stadtvereins.
16 Max Reversi: Erzherzog Ludwig Viktor von Österreich: Eine philosophi-
   sche Studie. Adolf Brand/Der Eigene, Berlin-Wilhelmshagen 1923, S. 22.

Kapitel 4: Der „schwimmende Habsburger"

1 Das Vaterland Zeitung für die österreichische Monarchie: Freitag 7. Juni
   1867.
2 zitiert nach Helga Schwendinger: Erzherzog Ludwig Salvator. Amalthea,
   Wien, München 1991.
3 Erzherzog Ludwig Salvator: Cannosa. Prag 1897, S. 34.
4 zitiert nach Brigitta Mader: Man wird sich nie in diesem großen Buche
   der Natur sattlesen … Erzherzog Ludwig Salvator. Ein Leben für die
   Wissenschaft 1847–1915: Katalog zur gleichnamigen Ausstellung im Österreichischen Staatsarchiv Wien, Wien 2002. http://www.brigittamader.
   com/lsforsch.htm
5 Leo Woerl: Erzherzog Erzherzog Ludwig Salvator aus dem österreichischen Kaiserhaus als Forscher des Mittelmeeres. Leipzig 1899.
6 Erzherzog Ludwig Salvator: Die Balearen: In Wort und Bild geschildert.
   Verlag Leo Woerl, Würzburg & Leipzig 1897, Bd. 2.
7 Erzherzog Ludwig Salvator: Die Balearen: In Wort und Bild geschildert.
   Verlag Leo Woerl, Würzburg & Leipzig 1897, Bd. 1.
8 zitiert nach Dr. Wolfgang Löhnert: www.ludwig-salvator.com
9 Dr. Wolfgang Löhnert: Porträt: Ludwig Salvator. Reisemagazin, Wien.
10 Erzherzog Ludwig Salvator: Zante. HeinrichMercy, Prag 1904.
11 Erzherzog Ludwig Salvator: Die Balearen: In Wort und Bild geschildert.
   Verlag Leo Woerl, Würzburg & Leipzig 1897, Bd. 2.
12 Erzherzog Ludwig Salvator: Einiges über Welt-Ausstellungen. Prag 1911.
13 Woerl's Reisebibliothek: Um die Welt ohne zu wollen. Würzburg, Wien
   1883.
14 Woerl's Reisebibliothek: Um die Welt ohne zu wollen. Würzburg. Wien
   1883.

15 Ludwig Salvator: Los Angeles: Eine Blume aus dem goldenen Lande. Verlag Heinrich Mercy, Prag 1878.

16 zitiert nach Dr. Wolfgang Löhnert: Porträt: Ludwig Salvator. Reisemagazin, Wien.

17 Mario Verdaguer: „Ludwig Salvator und Catalina Homar" in: Die Goldene Insel. Deutsch von Andreas Gaspar, Paul Zsolnay Verlag, Wien 1933.

18 Auguste Felix Charles Cte de Saint-Aulaire: Franz Joseph. Amandus Verlag, Wien 1949.

19 Erzherzog Ludwig Salvator: Catalina Homar. Prag, 1905.

20 zitiert nach Dr. Wolfgang Löhnert: Porträt: Ludwig Salvator. Reisemagazin, Wien.

21 Erzherzog Ludwig Salvator: Schiffbruch oder ein Sommernachtstraum. Verlag Heinrich Mercy, Prag 1894.

22 Dr. Wolfgang Löhnert: Porträt: Ludwig Salvator. Reisemagazin, Wien.

23 Santiago Rusiñol: L'illa de la calma. Barcelona 1913.

24 Erzherzog Ludwig Salvator: Zärtlichkeitsausdrücke und Koseworte in der friulanischen Sprache. Heinrich Mercy, Prag 1915.

25 Erzherzog Ludwig Salvator: Zärtlichkeitsausdrücke und Koseworte in der friulanischen Sprache. Heinrich Mercy, Prag 1915.

26 zitiert nach Dr. Wolfgang Löhnert: Porträt: Ludwig Salvator. Reisemagazin, Wien.

Kapitel 5: Die „rote Erzherzogin"

1 Prinzessin Stephanie von Belgien Fürstin von Lónyay: Ich sollte Kaiserin werden. Koehler und Amelang, Leipzig 1935, S. 110.

2 Prinzessin Stephanie von Belgien Fürstin von Lónyay: Ich sollte Kaiserin werden. Koehler und Amelang, Leipzig 1935, S. 65.

3 Prinzessin Stephanie von Belgien Fürstin von Lónyay: Ich sollte Kaiserin werden. Koehler und Amelang, Leipzig 1935, S. 65.

4 Prinzessin Stephanie von Belgien Fürstin von Lónyay: Ich sollte Kaiserin werden. Koehler und Amelang, Leipzig 1935, S. 82.

5 Prinzessin Stephanie von Belgien Fürstin von Lónyay: Ich sollte Kaiserin werden. Koehler und Amelang, Leipzig 1935, S. 83.

6 Wiener Presse: Nr. 37, Wien: 19. August 1883.

7 Prinzessin Stephanie von Belgien Fürstin von Lónyay: Ich sollte Kaiserin werden. Koehler und Amelang, Leipzig 1935, S. 117.

8 Prinzessin Stephanie von Belgien Fürstin von Lónyay: Ich sollte Kaiserin werden. Koehler und Amelang, Leipzig 1935, S. 206.

9 Wiener Sonn- und Montags-Zeitung: Wien: 4. Februar 1889.

10 Chiavaccis's Wiener Bilder: Illustriertes Familienblatt, Wien: Mittwoch, 29. Jänner 1902.

11 Prof. Alois Schabes: Die Gemeinde Schönau an der Triesting und ihre Ortsteile in Vergangenheit und Gegenwart. Gemeinde Schönau 1979.

12 Chiavaccis's Wiener Bilder: Illustriertes Familienblatt, Wien: Mittwoch, 29. Jänner 1902.

13 zitiert nach Friedrich Weissensteiner: Die rote Erzherzogin: Das unge-
    wöhnliche Leben der Elisabeth Marie, Tochter des Kronprinzen Rudolf.
    erweiterte Taschenbuchausgabe, Piper Verlag, München, Zürich 2007,
    4. Auflage, S. 99.
14 zitiert nach Friedrich Weissensteiner: Die rote Erzherzogin: Das unge-
    wöhnliche Leben der Elisabeth Marie, Tochter des Kronprinzen Rudolf.
    erweiterte Taschenbuchausgabe, Piper Verlag, München, Zürich 2007,
    4. Auflage S. 108.
15 Prof. Alois Schabes: Die Gemeinde Schönau an der Triesting und ihre
    Ortsteile in Vergangenheit und Gegenwart. Gemeinde Schönau, 1979.
16 Wiener Sonn- und Montags-Zeitung: Wien: 28. März 1921.
17 zitiert nach Prof. Alois Schabes: Die Gemeinde Schönau an der Triesting
    und ihre Ortsteile in Vergangenheit und Gegenwart. Gemeinde Schönau,
    1979.
18 zitiert nach Friedrich Weissensteiner: Die rote Erzherzogin: Das unge-
    wöhnliche Leben der Elisabeth Marie, Tochter des Kronprinzen Rudolf.
    erweiterte Taschenbuchausgabe, Piper Verlag, München, Zürich 2007,
    4. Auflage, S. 165.

Kapitel 6: Der „schöne" Otto

1 Vgl.: Das Vaterland. Zeitung für die Österreichische Monarchie: Sonntag,
    23. April 1865.
2 zitiert nach Alfred Ritter von Lindheim: Erzherzog Carl Ludwig, ein
    Lebensbild, Wien, Staatsdruckerei 1897.
3 Chiavaccis's Wiener Bilder: Illustriertes Familienblatt, Wien: Mittwoch,
    7. November 1906.
4 Leopold Wölfling: Habsburger unter sich: Freimütige Aufzeichnungen
    eines ehemaligen Erzherzogs. Verlag Goldschmidt-Gabrielli, Berlin-
    Wilmersdorf 1921.
5 Alfred Ritter von Lindheim: Erzherzog Carl Ludwig, ein Lebensbild.
    Staatsdruckerei, Wien 1897.
6 zitiert nach Brigitte Hamann: Elisabeth: Kaiserin wider Willen. Amalthea
    Verlag, Wien 1997.
7 Otto Friedländer: Letzter Glanz der Märchenstadt: Wien um 1900.
    Molden, Wien 2002.
8 zitiert nach Brigitte Hamann: Elisabeth: Kaiserin wider Willen. Amalthea
    Verlag, Wien 1997.
9 zitiert nach Prinzessin Stephanie von Belgien Fürstin von Lonyay: Ich
    sollte Kaiserin werden. Koehler & Amelang, Leipzig 1935.
10 Leopold Wölfling: Habsburger unter sich: Freimütige Aufzeichnungen
    eines ehemaligen Erzherzogs. Verlag Goldschmidt-Gabrielli, Berlin-
    Wilmersdorf 1921.
11 Auguste Felix Charles Cte de Saint-Aulaire: Franz Joseph. Amandus
    Verlag, Wien 1949.
12 Auguste Felix Charles Cte de Saint-Aulaire: Franz Joseph. Amandus
    Verlag, Wien 1949.
13 zitiert nach Friedrich Weissensteiner: Franz Ferdinand: Der verhinderte

Herrscher. Kremayr&Scheriau, Wien 2007.

14 Leopold Wölfling: Habsburger unter sich: Freimütige Aufzeichnungen
    eines ehemaligen Erzherzogs. Verlag Goldschmidt-Gabrielli, Berlin-
    Wilmersdorf 1921.

15 Prof. Alois Schabes: Die Gemeinde Schönau an der Triesting und ihrer
    Ortsteile in Vergangenheit und Gegenwart. Gemeinde Schönau 1979.

16 Sport & Salon: Illustrierte Zeitschrift für die vornehme Welt. Wien:
    3. November 1906.

17 Chiavaccis's Wiener Bilder: Illustriertes Familienblatt, Wien: Mittwoch,
    7. November 1906.

18 Neues Wiener Journal: 12. November 1934.

Namenregister

Quellenvermerk

Bildnachweis
akg-images: S. 71
akg-images/Archie Miles: S. 125
Archiv Dr. Wolfgang Löhnert, Ludwig Salvator Gesellschaft,
  www.ludwig-salvator.com: S. 93, 101, 105, 113
Österreichische Nationalbibliothek, Bildarchiv: S. 8 (Sig.: Pf 14.790: D (0).),
  S. 25 (Sig.: Pf 74: C (8).), S. 33 (Sig.: NB 531.843 – B.),
  S. 35 (Sig.: NB 531.844 – B.), S. 39 (Sig.: Pf 14.090: C (2).),
  S. 43 (Sig.: NB 516.771 – B.), S. 51 (Sig.: Pf 14.090: C (6).),
  S. 59 (Sig.: KO 1.460 – C.), S. 69 (Sig.: Pf 19 000: E(332).),
  S. 73 (Sig.: NB 519.309.), S. 77 (Sig.: Pf 258: B (4).),
  S. 81 (Sig.: NB 519.315.), S. 97 (Sig.: NB 518.227 – B.),
  S. 119 (Sig.: NB 518.227.), S. 123 (Sig.: Kos 5402 D pos.),
  S. 133 (Sig.: Kor 19C/3.), S. 139 (Sig.: NB 515.888 – B.),
  S. 141 (Sig.: Pf 682: D(17).), S. 147 (Sig.: Pf 100.750 : C (1).),
  S. 153 (Sig.: NB 524.617 – B.), S. 157 (Sig.: NB 518.763 – B.),
  S. 161 (Gemälde von Julius Blaas, Sig.: PK 3.295, 8.),
  S. 169 (Sig.: KO 1.894 – C.), S. 171 (Sig.: PZ 1900 09 01.),
  S. 175 (Sig.: NB 518.238 – B.)
Ullsteinbild: S. 11, 65
Die Abbildungen auf den Seiten 19, 47 und 89 stammen aus dem Archiv der
  Autorin.

Wir danken dem Verlag Carl Ueberreuter für die Genehmigung, auszugs-
weise aus dem Buch *Luise von Toscana: Mein Lebensweg* © 1988 by Verlag Carl
Ueberreuter, Wien zu zitieren.
Der Verlag Koehler & Amelang erteilte uns die freundliche Genehmigung,
einige Zitate aus *Stephanie von Belgien: Ich sollte Kaiserin werden* © Koehler
& Amelang Verlag GmbH abzudrucken.